1.50

THOMAS DEKKER

Thijs Zonneveld

Thomas Dekker

Mijn gevecht

VOETBAL INSIDE

Eerste druk, november 2016
Tweede druk, november 2016
Derde druk, november 2016

Omslagbeeld: Stephan Vanfleteren
Omslagontwerp: Pankra
Binnenwerk: Crius Group, Hulshout

Deze uitgave is tot stand gekomen door bemiddeling en medewerking van Maarten Boers - literair agent en Metter Tale.

ISBN 978 90 488 3515 7
ISBN 978 90 488 3516 4 (e-book)
NUR 491

www.voetbalinside.nl

www.overamstel.com

Voetbal Inside is een imprint van Overamstel uitgevers bv

1.

Het is hier duizend kleuren donker. De gordijnen zijn dicht, de deur zit op slot. Het enige licht is het zwakke schijnsel van het bedlampje. Op de grond en op de muren kruipen schaduwen. Er hangt een schilderijtje zoals je dat altijd ziet in dit soort hotelkamers – met zomaar een bloem erop.

Ik lig op het bed met mijn trainingsbroek en een T-shirt aan. Ik heb niet eens de moeite genomen om mijn schoenen uit te doen. In mijn arm steekt een dikke naald met een infuus. Door het slangetje loopt mijn bloed. Het is donkerrood. Het stroomt langzaam in de zak op een elektronische weegschaal die op de grond staat.

In de hoek van de kamer, ver van het licht, zit een man op een stoel. Hij wiegt met zijn voet terwijl hij iets in zijn agenda schrijft. Om de paar minuten kijkt hij op de weegschaal. Ik heb hem een halfuur geleden ontmoet, in de lobby van het hotel. Hij stelde zich voor als dokter Fuentes. Er hangt een sigarettenwalm om hem heen en hij heeft een gezicht dat je meteen weer vergeet. Zijn pantalon is beige en hij draagt een overhemd met ruitjes. We hebben nauwelijks een woord met elkaar gewisseld. Zijn Engels is gebrekkig en ik spreek geen woord Spaans. Volgens mij weet hij niet eens wie ik ben. Dat maakt ook niet uit. Ik ben hier niet om te praten.

Ik staar naar het bloed in de zak. Het is alsof het niet van mij is. Alsof het nep is. Ik had gedacht dat het anders zou zijn, de eerste keer. Spannender, nerveuzer – als snoep jatten in de buurtwinkel. Maar er is niets spannends aan. Ik voel me ook niet nerveus. Dit is zakelijk. Doping is business. Maar dan wel business waar zo min mogelijk mensen vanaf mogen weten.

Na een kwartier staat dokter Fuentes op van zijn stoel. Hij haalt het infuus uit mijn arm en dept het bloed weg met een watje. Hij geeft me een markeerstift en zegt met een zwaar accent tegen me: 'I give you number. Twentyfour. Two four. You must write here.' Hij wijst naar de volle zak met bloed. Ik ga rechtop zitten, pak de stift aan en schrijf het nummer op de zak. Hij knikt en zegt daarna: 'We are done.'

Ik trek mijn trainingsjack aan en geef hem een hand. Hij doet de deur open en mompelt nog iets wat ik niet versta. Ik stap naar buiten, de gang in, waar het licht zo fel is dat het pijn doet aan mijn ogen.

De deur valt achter me dicht.

Vanaf hier is er geen weg meer terug.

2.

Ik groeide op in een doodnormaal gezin in een doodnormaal huis in een doodnormale straat in een doodnormaal dorp. Dirkshorn heet het; het ligt midden in een polder in Noord-Holland. Het is niet veel meer dan een vlekje op de kaart. Het heeft twaalf straten. Er is een kerk, een supermarkt, een voetbalclub en een snackbar. Er gebeurde nooit iets in Dirkshorn. Een kermis, één keer per jaar, en dat was het dan ook wel.

Mijn ouders zijn doodnormaal. Ze heten Bart en Marja. Mijn moeder werkt als badjuf in het zwembad één dorp verderop. Mijn vader is bagagesjouwer op Schiphol. Hij staat al dertig jaar lang vijf keer per week om halfvijf uur 's morgens op en vertrekt met een volle boterhamtrommel naar het vliegveld om de hele dag koffers van de ene plek naar de andere te tillen. Om halfzes staat het eten op tafel; mijn vader kookt. Meestal Hollandse kost. Bloemkool, aardappelen, een stukje vlees. Op zondag een patatje van snackbar Joep. Mijn ouders verdienen geen bakken met geld. Ze zijn zuinig op hun spullen. Ik heb mijn hele jeugd rondgereden op rolschaatsen van de kringloopwinkel. Die waren goed genoeg.

Mijn moeder is zorgzaam. Van het type bij wie de limonade en de koekjes al klaarstaan als je thuiskomt. Ze is in haar hele leven één keer boos op me geweest, toen ik heel klein was. Ik zou niet eens meer weten wat ik toen gedaan had.

Mijn vader is een echte Noord-Hollander. Beetje stug, tikje nors, maar met een klein hartje dat bij wijze van spreken op het puntje van zijn tong ligt. Hij zegt wat hij denkt. Dat is vaak niet eens nodig: je kunt het dan al aan hem zien. Meestal is hij blij. Maar als hij gefrustreerd of boos is, dan trilt zijn lip. Soms trekken er groeven in zijn gezicht. Dan kan ik zien dat hij zorgen heeft. Of heeft gehad. Negen van de tien keer over mij, vrees ik. Het liefst zou hij me altijd vasthouden zoals we vroeger naar oma fietsten, in Schoorl: met zijn hand strak in mijn nek, zodat ik niet zou vallen en rechtdoor zou blijven rijden.

Mijn zus heet Floor. Ze is twee jaar jonger dan ik. We hebben altijd goed met elkaar kunnen opschieten. We speelden meestal samen, trokken hele dagen met elkaar op. In het weekend zaten we 's morgens, als onze ouders nog sliepen, met z'n tweeën onder een deken op de bank in een koud en donker huis en keken we tekenfilmpjes op tv.

Ik speelde als jochie bijna altijd buiten. Op het trapveldje om de hoek, of bij de geluidswal langs de N245. Voetballen, oorlogje spelen, zwemmen in een meertje of in het buitenzwembad om de hoek. Ik zat op tennis, op voetbal, op schaatsen. Ik had voor alle drie geen talent, maar ik was wel fanatiek. Ik voetbalde bij FC Dirkshorn van de F'jes tot en met de D'tjes. Van mijn opa, die elke week kwam kijken, kreeg ik een gulden als ik scoorde. Soms liep ik dwars door mijn tegenstander heen omdat ik zo graag wilde. Als we verloren was ik niet te genieten. Dat had ik met andere sporten ook trouwens. Ik werd snel driftig als iets me niet lukte. Maar ik wist dat ik niet met mijn spullen hoefde te gooien. Als ik op de tennisbaan na een verloren punt met mijn racket zou hebben gesmeten, dan had mijn vader me aan mijn haren de baan af getrokken.

Mijn school stond ook in het dorp. Ik zat met acht kinderen in de klas, de hele lagere school lang. Op het schoolplein knikkerden we in de pauzes. Ik moest en zou de meeste knikkers van iedereen hebben. Soms verkocht ik ze aan andere kinderen – om ze vervolgens weer terug te winnen. Ik verdiende er honderden guldens mee. Dat was om te sparen, voor later. Voor een mooie auto. Dat was mijn droom. Ik weet niet van wie ik dat heb, dat materialistische. Niet van mijn ouders, in elk geval. En mijn zus heeft het ook niet.

In de zomer gingen we zoals iedereen met vakantie. Papa en mama voorin, Floor en ik op de achterbank, met krentenbollen, Fruitella en stripboeken. Vaak gingen we met de tent naar Frankrijk, naar campings met een zwembad, een pingpongtafel en hurkplees. En anders naar Center Parcs of Gran Dorado. In zo'n huisje dat precies hetzelfde was als het huisje ernaast, het huisje daarnaast en alle andere honderdduizend huisjes in het bungalowpark.

Dat je al van verre kon zien aankomen dat ik zou ontsporen is dus niet waar. Mijn ouders hebben ons overladen met liefde. Er was nooit ruzie bij ons thuis. Er waren nooit problemen.

Mijn jeugd kan ik maar in één woord omschrijven.

Doodnormaal.

3.

Ik kreeg 'm voor mijn elfde verjaardag. Ik kon wel janken, zo mooi vond ik mijn eerste racefiets. Zwart met wit was-ie – dezelfde kleuren als die waar de PDM-ploeg jaren daarvoor mee rondreed. Er stond Concorde op de schuine buis. Het frame was op de groei gekocht: het zadel stond op z'n allerlaagst. Hij had twaalf versnellingen: om te schakelen moest je aan de commandeurs morrelen die op de buis waren gemonteerd. Er zaten pedalen met riempjes op die je strak kon trekken. Ik kreeg er een paar fietsschoenen bij. Zwarte, met plastic zolen.

De eerste meters die ik op mijn racefiets reed waren van de huiskamer naar de bijkeuken. Voorzichtig, langs de eettafel en de tv, slingerend langs een vaas met bloemen. Mijn vader lachte, mijn moeder keek een beetje bezorgd.

Mijn vader had 'm gekocht bij Hans Langerijs – een fietsenwinkel in Schagen. Met een racefiets kon ik in de zomermaanden meetrainen met de schaatsclub waar ik in de winter rondjes reed. Dat schaatsen kon ik niet heel goed: ik had de techniek niet. De kracht ook niet, trouwens. Ik was klein en iel. Mijn benen waren zo dun dat ze als draadjes uit mijn broek liepen. Op de ijsbaan werd ik door de grotere jongens voorbijgereden alsof ik niet bestond. Het was harken wat ik deed; ik ploeterde maar wat voort. Maar stoppen was geen optie. Nooit aan gedacht ook. Alle Noord-Hollandse jongens schaatsen in de winter. Ik dus ook.

Fietsen ging beter dan schaatsen. Ik reed ritjes met mijn vader. Een kilometer of dertig, vijfendertig, richting de duinen, langs de zee en de Hondsbossche Zeewering. Meestal met tegenwind heen en wind mee terug. Op vrijdagavond reden we een rondje op de fiets met de schaatsclub; mijn vader ging ook mee. Anderhalf uur fietsen, meer niet. Het waren jochies en meisjes uit de buurt.

Ik was een paperclipje en wielrennen de magneet. Het trok aan me. De geur van massageolie als ik met mijn vader bij een criterium ging kijken, het blinkende van de fietsen. Het was anders dan schaatsen of voetballen. Het was rauwer, heroischer. Ik keek ademloos naar de volwassen mannen die zichzelf uitputten, verbeten van de pijn en met snotkegels aan hun kin. Vergeleken met wielrennen waren die andere sporten maar een spelletje.

Ik genoot van de man tegen man-gevechten die ik zag op tv. Ik herinner me de Tour van 1996, waarin Miguel Indurain ten onder ging. Ik was voor hém, ik wilde zo graag dat hij zou winnen. Ik was er zéker van dat hij Bjarne Riis zou verslaan. Maar dat gebeurde niet. Indurain brak op de flanken van de Port de Larrau, in een etappe naar Pamplona – zijn eigen geboorteplaats nota bene. Ik zat hoofdschuddend voor de tv. Ik snapte het niet. Het was alsof hij ineens een andere renner was. Hij was te groot voor zijn fiets, hij had een grimas op zijn gezicht die ik nooit eerder had gezien. Hij was van de ene op de andere dag oud geworden. Ik herinner me dat hij 's avonds in zijn hotel om commentaar werd gevraagd. Overal mensen, overal camera's. Er klonk twijfel uit zijn woorden en je zag wanhoop in zijn ogen. Hij wist het niet meer. Hij zei: 'Ik weet niet hoe mijn toekomst eruitziet. Maar beter dan vroeger zal ik nooit meer worden.' Het klonk als afscheid nemen.

Ik ging wedstrijdjes rijden. Wilde, losse koersjes in de kop van Noord-Holland, meestal tijdens een plaatselijke kermis. In dorpjes met namen als Wervershoof en Hippolytushoef. Ik reed tegen leeftijdsgenootjes uit de regio zo hard mogelijk in de rondte, met een rooie kop. Vaak werd het sprinten. Daar was ik niet bijster goed in. Ik verloor ook van meisjes. Die waren op die leeftijd veel sterker. Dat irriteerde me mateloos.

Mijn vader kocht klikpedalen voor op mijn racefiets. Paarse, van Look. Ik oefende ermee in de straat voordat ik ermee ging trainen. Papa waarschuwde me nog: goed om je heen kijken en pas op dat je niet omvalt als je stil staat bij een kruispunt. Ik wuifde zijn waarschuwingen weg. Maar bij het eerste het beste kruispunt lag ik op mijn rug doordat ik mijn schoenen niet uit de pedalen kreeg. Er kwam een man aan die me vroeg of het ging. Ik stamelde: 'Ja hoor, ja hoor.' Ik vond het vooral erg van mijn kleren. Er zat een gat in mijn fietsbroek. 'Krijg ik nu een nieuwe?' vroeg ik bij thuiskomst aan mijn moeder. Mijn moeder schudde haar hoofd en zei: 'Nee hoor. Met de zeem is niks mis.' Ik fietste steeds meer en meer. Twee keer in de week werd drie keer, drie keer werd vier keer. Samen met mijn vader reed ik steeds langer en verder weg.

In de zomer van 1998 waren we met vakantie op een Franse camping. 's Morgens fietsten we zelf, 's middags keken we naar de Tour de France op een klein tv'tje in de kantine van de camping. Mijn vader met een biertje, ik met een glas limonade. Het Nederlandse wielrennen stelde in die jaren geen ruk voor, maar in die editie reed Michael Boogerd als een straaljager. Hij droeg een roodwitblauwe trui en klom met de beste renners van de wereld. Ik was veertien en vond het geweldig wat hij deed. Ik schreeuwde naar de tv om hem aan te moedigen en hoopte met alles wat ik had dat hij niet zou hoeven lossen uit de groep met klassementsrenners. 's Avonds staarde ik liggend op een luchtbed naar het tentzeil en fantaseerde over mezelf in de Tour. Over winnen. Over truien. Over hoe hard ik op kop zou rijden, met een groep stervende concurrenten in mijn wiel.

Toen we thuiskwamen van vakantie vond ik een poster van Michael Boogerd in een tijdschrift. Ik heb hem eruit gehaald en direct boven mijn bed gehangen.

Ik wist het zeker. Ik wilde ook wielrenner worden.

4.

We stonden onder de douche. Ik keek om me heen naar de jongens tegen wie ik vlak daarvoor een van mijn eerste officiële wedstrijdjes had gefietst. Ze schreeuwden, ze maakten grappen en ze vertelden verhalen over de koers. Sommigen konden er niks van, tegen anderen keek ik op. Dat waren vaak de grotere jongens, die al een groeispurt hadden gemaakt. Een paar hadden haar op hun piemel. Ik keek naar beneden, naar de mijne. Er zat nog geen haartje op. Zelfs geen dons.

Ik herinner me dat ik in die eerste koersjes die ik reed nog niets presteerde. Veel van die wedstrijdjes eindigden in een sprint en doordat ik toen nog maar 45 kilo woog, werd ik vaak weggeblazen. In die tijd won Wim Stroetinga bijna altijd – hij sprintte zo hard dat het leek alsof hij werd afgeschoten uit een revolver. Op de baan was Niki Terpstra toen al goed. Hij was een beetje dik destijds, maar hij reed altijd smerig hard.

Elk weekend reed ik een ander wedstrijdje. We reisden het hele land af: papa, mama, Floor en ik. Het was elke keer een soort volksverhuizing. De achterbank lag vol met fietskleding en krentenbollen, in de achterbak stond een koelbox met Fristi's en cola naast mijn nieuwe racefiets – een blauwe Simon, een fietsenmerk uit Zaandam. Om het allemaal in één auto te krijgen, kocht mijn vader een Volkswagenbusje. Dat was nodig ook, zeker toen Floor ook besloot te gaan wielrennen. Heel lang hield ze het niet vol, maar ze liep over van het talent. Ze is nog tweede geweest op een NK Tijdrijden bij de jeugd, vóór Marianne Vos. Het moet voor haar soms best moeilijk zijn geweest dat het vaak om mij draaide, maar ze heeft daar nooit over geklaagd. Althans, niet tegen mij.

Langzaam maar zeker werd ik beter. In de Tour de Achterveld, een soort etappekoers van een week voor kleine jochies en meisjes, werd ik tweede. Mijn ouders konden niet elke dag komen kijken. Ik sliep in een gastgezin; het was de eerste keer dat ik alleen van huis was. Ik was zo zenuwachtig dat ik 's nachts nauwelijks sliep. Niet omdat ik alleen was, maar meer omdat het op echt wielrennen begon te lijken, compleet met tijdritjes, rondemissen, juryleden en dranghekken waar publiek achter stond.

Ik rolde door de jeugdcategorieën heen, elk jaar met een beetje meer ambitie en grotere dromen. Mijn ouders stimuleerden me, maar drongen me nooit iets op. Mijn vader was fanatiek, alhoewel hij nooit langs de kant stond te schreeuwen en hij was niet teleurgesteld als ik niet in de kopgroep zat. Als ik maar inzet toonde, dat vond hij het belangrijkste. Zelf leek dat me nogal logisch: ik deed altijd mijn best. Toen nog wel. Voor mijn moeder maakte het sowieso niet veel uit of ik eerste, tweede of driehonderdzesenvijftigste werd: van haar mocht ik ook gaan tennissen of de hele dag op het schoolplein hangen met mijn vrienden.

Eén keer heb ik mijn vader boos gezien, na een wedstrijd. Het was na de Omloop van de Maasvallei bij de nieuwelingen. Die wedstrijd was in Zuid-Limburg, driehonderd kilometer van Dirkshorn. Mijn vader en ik waren er de dag ervoor naartoe gereden. We sliepen in een pensionnetje in Elsloo. Ik dacht dat het echt een wedstrijd voor mij was, met al die Zuid-Limburgse heuveltjes, al was het maar omdat ik stiekem hoopte dat ik een goede klimmer zou zijn. Maar voor het eerste heuveltje was ik al gelost. Het was een beetje nat, en na de start reden we over kasseitjes de Maasberg af. Ik was bang. Met dichtgeknepen billen en nog dichter geknepen remmen reed ik naar beneden. Het peloton reed snel bij me vandaan. We hadden nog niet eens acht kilometer gereden. Ik heb ze die dag niet meer teruggezien. Ik fietste terug naar de start, alleen. Daar stond mijn vader nog te praten met andere ouders. Hij vloekte binnensmonds toen hij me zag. Een soort 'Gdvr...'. De terugreis naar Dirkshorn duurde een eeuw. We zwegen vooral, mijn vader en ik. Ik baalde en ik schaamde me tegelijk. Mijn vader snapte het niet. Dat ik niet mee kon met de besten: dat kon gebeuren. Maar dat ik al was verslagen voordat de wedstrijd goed en wel was begonnen, vond hij onverteerbaar. Toen we ergens bij Utrecht waren zei hij: 'Tja jongen, als je bergaf in de remmen knijpt...' Daarna gaf hij me een aai over mijn bol en mompelde dat het de volgende wedstrijd vast beter zou gaan.

Aan het einde van mijn eerste jaar bij de nieuwelingen viel er een brief op de mat. Het logo van de Rabobank stond op de envelop. Het was een uitnodiging voor de zogenaamde Rabo Ardennen Proef – een mini-trainingskamp waar ze allerlei jonge ventjes testten. Wat ze wilden was de beste rennertjes al vroeg naar de ploeg lokken en ze dan zelf naar de top stuwen in een drietrapsraket: via de juniorenploeg (onder de 18) en de beloftenploeg (onder de 23) naar de profploeg. Ik was in de zevende hemel door de uitnodiging van Rabobank. Op een roze wolk vertrok ik een paar weken later naar het hotel in Spa: mijn vader bracht me naar een opstappunt in De Meern – vandaar reden we met een touringcar via andere opstappunten naar de Ardennen. Er waren een hoop andere goede renners van mijn generatie bij. Marc de Maar, Reinier Honig, Jos Harms. Jan Raas heette ons welkom. We kregen bidons van Rabobank op onze fiets, er waren verzorgers die allerlei dingen voor ons regelden en we trainden onder leiding van Adrie van der Poel. Het was fantastisch. Voor mij was Rabobank het ultieme. Het allerhoogste.

5.

Op school deed ik ondertussen niks. Ik zat mijn dagen uit. Ik klierde een beetje, ik keek naar de meisjes en ik lette nauwelijks op wanneer de leraar iets uitlegde. Ik keek alleen in mijn boeken als het hoognodig was: voor proefwerken. Een paar jaar lang kwam ik ermee weg. Ik rolde van 1 vwo naar 2 vwo en op de een of andere manier ook nog naar 3 vwo, maar mijn interesse voor school was omgekeerd evenredig met mijn interesse voor wielrennen.

Het enige waarvan ik droomde was profwielrenner worden. Alles moest ervoor wijken. Ik stond op met wielrennen, ik ontbeet met wielrennen, ik poetste mijn tanden met wielrennen, ik ademde wielrennen en ik ging naar bed met wielrennen. Via de wielervereniging kreeg ik een trainer: René Kos. Hij maakte schema's voor me. Ik deed altijd meer dan dat erop stond. Eind 2000, voordat ik de overstap maakte van de nieuwelingen naar de junioren, kocht mijn vader een scooter waar ik achter kon trainen. 's Middags, als hij thuiskwam vanuit Schiphol en ik van school, reden we urenlang door de Noord-Hollandse polders. Op donderdagavonden reed ik, weer of geen weer, met lichtjes op mijn fiets naar de wielerbaan in Alkmaar om daar te trainen – en daarna reed ik laat in de avond weer naar huis. Twintig kilometer heen en twintig kilometer terug.

In het weekend werkte ik om geld te verdienen voor nieuw materiaal. Mijn ouders steunden me in die jaren in alles, maar ik spaarde zelf flink mee. Ik moest en ik zou een Campagnolo Record-groep kopen voor mijn fiets, met carbon remgrepen. Ik had al maanden voor de etalage van de fietsenmaker staan kwijlen; 1600 gulden kostten die. Ik pelde bollen, ik had een bijbaantje als koffieschenker bij de lokale meubelboulevard en ik werkte op het land. Omdat ik ook moest trainen, was het nogal druk. Soms té druk. Ik weet nog dat ik een keer huilend thuiskwam nadat ik de hele ochtend tussen de lelies had gestaan. 'Mama, papa, ik ben zo moe. Als ik elke morgen zo vroeg moet opstaan kan ik geen profwielrenner worden hoor.'

Uiteindelijk reed ik bij de junioren op een fiets mét Campagnolo Record. Zelf betaald. Het bijpassende setje carbonwielen kreeg ik gesponsord van mijn oom. Dat was een flinke verbetering. Maar belangrijker nog: ik begon te groeien. En niet zo'n beetje ook. In een mum van tijd werd ik tien centimeter langer. Ik merkte het op de fiets: ik was een stuk sterker dan de jaren ervoor. In de eerste wedstrijden vlóóg ik. Ik eindigde als derde in de eerste klassieker van het seizoen en werd door bondscoach Egon van Kessel opgenomen in de nationale selectie. Ik mocht mee met koersen over de grens, naar wereldbekerwedstrijden voor junioren. De eerste keer was in Polen – de Coupe du Grudziadz. Ik wist bij god niet waar we waren, het eten was zo ranzig dat we zaten te kokhalzen aan tafel – maar het was geweldig. Een paar maanden later mocht ik als gastrenner van de juniorenploeg van Rabobank mee naar een wereldbekerkoers in Oostenrijk. We lagen met de hele ploeg op één kamer in een internaat. Johnny Hoogerland was die week mijn ploeggenoot en in de koers maakte ik voor de eerste keer kennis met de Italiaanse armada. Vincenzo Nibali, Giovanni Visconti, Mauro Santambrogio. Ze droegen dezelfde trainingspakken, dezelfde heuptasjes met dezelfde telefoons en hadden dezelfde arrogante uitstraling. Ik was diep, diep onder de indruk. Ik heb het altijd mooi gevonden, die Italiaanse wielercultuur. Niet die benepen, calvinistische doe-maar-gewoon-dan-doe-je-al-gek-genoeg-houding die je in Nederland vaak ziet – ik zie liever dat wielrenners met de borst vooruitlopen, en de kin omhoog. In Nederland word je er als sporter op aangekeken als je een Ferrari koopt, in Italië vragen mensen zich af waarom je géén Ferrari hebt.

In de nazomer van 2001 tekende ik bij Rabobank. Natúúrlijk tekende ik bij Rabobank. Zij wilden mij in hun juniorenploeg, en ik was er kruipend naartoe gegaan als het moest. Bovendien werd ik geselecteerd voor mijn eerste WK – in Lissabon. De junioren zaten er in hetzelfde hotel als de profs. Ik kwam Michael Boogerd en Erik Dekker tegen. Ze zeiden hallo tegen me en vroegen hoe het met me ging. Ik geloof niet dat ik veel heb teruggezegd. Maar dat gaf niks. Dat ik daar als jochie stond te praten met renners die ik normaal gesproken alleen maar op tv zag, vond ik al heel wat. De poster boven mijn bed was tot leven gekomen.

Daar, in Lissabon, ontmoette ik ook Gerrie Knetemann. Hij was bondscoach bij de profs, maar hij zat in de auto achter me toen ik de tijdrit reed. Hij nam me van tevoren apart en we praatten lang met elkaar. Hij zag het in me. En niet alleen omdat hij bij mij uit de buurt kwam. 'Thomas,' zei hij, 'je hebt het allemaal. Je kunt klimmen, je kunt tijdrijden en ik zie dat je er alles voor wilt doen. We gaan nog veel van jou horen, jongen.' Ik zweefde. Het was alsof die dag alles vanzelf ging. Alsof ik alleen maar wind mee had, waar ik ook fietste.

Alle junioren waren in die dagen verliefd op renster Pleuni Möhlmann, die op dat WK in Lissabon zilver won. Op het afsluitende feestje stond ik met haar te zoenen. Na het WK hebben we nog even aangerommeld, maar het is nooit iets meer dan dat geworden. Thuis was ik ook steeds meer bezig met meisjes. Ik draaide rond groepjes meisjes in de pauzes op school. Ik merkte dat ik goed in de smaak viel. Ik snapte wat ze wilden. Ik gaf ze aandacht en tijd. Want tijd had ik genoeg: als ik klaar was met trainen had ik niets te doen. Ik sms'te, ik mailde en ik belde met meisjes. Ik nam ze mee uit eten, ging met ze naar de film. Vaste vriendinnetjes had ik niet; ik was vaak ook weer snel op ze uitgekeken. Er waren altijd weer andere leuke meisjes. Maar als je me destijds had gezegd dat ik met honderden vrouwen naar bed zou gaan, dan had ik je voor gek verklaard.

Op school maakte ik er meer en meer een potje van. Ik bleef zitten in 4 havo, en toen ik het jaar erop bij de junioren van Rabobank fietste, werd het er bepaald niet beter op. Ik spijbelde om te kunnen trainen, ik ging naar school zonder boeken en agenda en ik vulde maar wat in bij proefwerken. Toen mijn zus aan het einde van het jaar mijn boeken inleverde – ik was zelf aan het trainen – zaten ze nog in het cellofaan. Ik had ze niet één keer geopend. School was een nutteloze verspilling van tijd, een zwart gat waar mijn uren in verdwenen. Als ze nou Italiaanse les hadden gegeven, dan zou ik misschien nog hebben opgelet – dat kon ik gebruiken als ik later profwielrenner zou zijn. De rest kon me gestolen worden.

Bij de juniorenploeg van Rabobank ging ik in 2002 alleen maar harder rijden. Alles was zo professioneel opgezet. Er waren trainers, mecaniciens en verzorgers in dienst, we gingen op trainingskamp, het materiaal was altijd in orde en ik reed in één ploeg met de beste Nederlandse junioren van dat moment, onder wie Marc de Maar en Tom Veelers. Maar het grootste talent, dat was ik. Ik was niet te stoppen. Ik won, ik won, ik won en ik won. Het was af en toe alsof ik niet kon verliezen. Ik versloeg mijn tegenstanders niet; ik verpulverde ze. Van de zestig koersen die ik dat jaar reed, won ik er 22. En in veertig ervan stond ik op het podium. Op de wereldranglijst voor junioren stond ik met een lichtjaar voorsprong bovenaan. Met elke overwinning groeide mijn zelfvertrouwen. Ik begon te beseffen dat ik niet zomaar een talentvolle wielrenner was.

Mijn ambities werden groter, net als mijn mond. Ik wilde dat het om mij draaide. Ik wilde de aandacht naar me toe trekken.

We waren met de Nederlandse selectie aan het trainen voor het WK in Zolder toen ik een paaltje over het hoofd zag. Ik reed er vol tegenaan en sloeg over de kop. Ik voelde mijn tanden breken; een paar secondenlang, voordat ik er zeven uitspuugde, hoorde ik ze in mijn mond rondstuiteren als knikkers in een lege wasmachine. Ik heb die training gewoon afgemaakt, met zeven tanden minder heb ik nog uren doorgereden. Ik kon alleen niets meer eten; ik zat 's avonds bij de tandarts met een joekel van een hongerklop. Door die val werd ik slechts vierde op het WK tijdrijden. Ik zie mezelf nog rijden, tijdens de wegwedstrijd, in het laatste wiel, met een jackie over mijn shirt. De cameramotor reed constant naast me. Het werd live uitgezonden, de commentatoren hadden het alleen maar over mij. Maar het chagrijn droop van mijn gezicht. Ik vond het allemaal kut: het vlakke parcours waar je nergens het verschil kon maken, de val die ik vlak daarvoor had gemaakt, de wegwedstrijd die eindigde in een veredelde massasprint. Ik was rammend over de zeik. Ik verwachtte meer van mezelf, de rest van de wielerwereld verwachtte meer van mij. Ik was niet zomaar een talent, ik was verdomme Thomas Dekker.

6.

Ik nam de telefoon op. 'Thomas, met mij,' zei mijn moeder. Haar stem trilde – ze was woedend. Ze had een telefoontje gekregen van school. Ze wist het. Ze wist dat ik de cijfers voor mijn havo-eindexamen niet had verteld. Ze wist dat ik de brieven van school had weggegooid. Ze wist dat ik was gezakt. En ze wist dat ik herexamen mocht doen – en dat ik niet was komen opdagen. Want ik was er niet. Ik was in Spanje. Ik was overgestapt van de juniorenploeg naar de beloftenploeg van Rabobank en vond de Ronde van Lerida belangrijker dan mijn herexamens. Mijn ouders wisten voordat ik naar Spanje vertrok niet eens dat er herexamens waren – ik had ze verteld dat de resultaten nog niet binnen waren. Mijn moeder eiste van me dat ik direct naar huis zou komen. Dat deed ik niet. Na Lerida reisde ik met de beloftenploeg door naar Frankrijk om daar de Boucles des Mayennes te rijden – en pas daarna ging ik terug naar Dirkshorn.

Mijn ouders zaten op me te wachten toen ik thuiskwam. Zo kwaad had ik ze nog nooit gezien. Ze voelden zich belogen. Dat snapte ik. Ze voelden zich bedrogen. Dat snapte ik ook. Ze zeiden dat ik mijn toekomst had vergooid door niet op te komen dagen voor mijn herexamens. Ik knikte nog maar eens: ook dat snapte ik. Maar ik weigerde me te schikken in hun plan om me naar Den Helder te sturen om deelcertificaten wiskunde en economie te halen. Wat ze ook zeiden, hoe hard ze ook schreeuwden, hoe lief ze het ook vroegen: ik vertikte het. Elke keer antwoordde ik hetzelfde: 'Ik ga nooit meer naar school, ik word profwielrenner.'

Er was in die week in juni één moment van rust: toen mijn vader en ik vertrokken voor een scootertraining rond het IJsselmeer – een rit van 275 kilometer. Halverwege stopten we. Mijn vader at een lekkerbekje, ik een Snickers. Daarna reden we weer verder, constant boven de vijftig per uur. Het rondje IJsselmeer was de laatste lange training voor het Nederlands Kampioenschap Beloften van 2003, dat werd verreden in Rotterdam, met welgeteld één hindernis: een brug. Het was geen parcours voor mij, en de afspraak was dat ik me zou wegcijferen voor Hans Dekkers, de sprinter van onze ploeg. Maar toen ik op drie kilometer van de streep op kop ging rijden konden mijn ploeggenoten mijn wiel niet houden. Ik keek om, zag dat ik een gat had en schakelde nog groter. Niemand kwam meer over me heen. 's Avonds, toen ik thuiskwam, was de straat versierd. Het halve dorp stond me op te wachten. We vierden feest en we dronken bier. Laat op de avond zat ik tegenover mijn ouders op de bank. 'Als jij niet meer naar school wilt en duizend procent voor het wielrennen wilt gaan, dan moet het maar,' zei mijn vader. Mijn moeder knikte en legde zich erbij neer.

Voor mijn ouders zat het leukste deel van mijn carrière er toen eigenlijk al op. Vanaf dat moment ging ik meer en meer mijn eigen weg. Ik wist wat ik wilde; niemand kwam tussen mij en mijn fiets. Ik kreeg egoïstische trekjes, verwaande buien. Ik zie mezelf nog staan, 's avonds laat, midden in de winter, in de rij van de Amsterdamse discotheek Jimmy Woo. Ik was op pad met een paar vrienden: allemaal nauwelijks twintig jaar oud. Na een uur vernikkelen in de kou stonden we eindelijk vooraan in de rij. Maar de uitsmijter liet ons er niet in. Zo'n discotheek zit nu eenmaal niet te wachten op een paar aangeschoten jochies. Ik was woest. Ik schold, ik tierde en ik schreeuwde: 'Weet je wel wie ik ben? Weet je wel wie ik ben? Ik ben Thomas Dekker!' Dat zei hem niks natuurlijk. Maar voor mij maakte het geen verschil. Ik was een vedette, alleen de rest van de wereld wist het nog niet.

Ik gebruikte andere mensen om me te laten verzorgen. Toen ik nog naar school ging, smeerde mijn moeder jarenlang mijn boterhammen. En als mijn moeder er niet was, of als ze te vroeg moest beginnen met werken, dan liet ik het mijn zus doen. Ze deden het voor me met alle liefde van de wereld. En ik liet het graag gebeuren. Sterker nog: ik merkte dat ik er goed in was om mensen voor mijn karretje te spannen. Ik vroeg, ik eiste, ik manipuleerde. En ik vond het nog logisch ook: ik kon mijn energie beter gebruiken op de fiets. Mijn asociale kant had trouwens ook een tegenhanger: ik kocht cadeautjes voor mijn ouders en mijn zus als ik in het buitenland was. En ik gaf Floor het kleingeld van alle wedstrijdpremies die ik verdiende.

Ik nam haar mee naar feestjes, ik lette op haar zoals een grote broer op zijn zus hoort te letten. En toen ze achttien werd, kocht ik een auto voor haar van het salaris van mijn eerste profcontract. Uit liefde, niet om iets te compenseren.

In augustus 2003 werd ik Nederlands kampioen tijdrijden bij de beloften. Dat vond ik volkomen normaal. Net als dat ik de proloog van de Ster Elektrotoer won waar we als beloftenploeg tussen de profs reden. Het was een rondje van een kilometer of vijf in Veldhoven, met start en finish op natte kasseien. Ik was geen held in de regen: ik klungelde door de bochten. Maar toen ik over de streep kwam, bleek ik de snelste te zijn. En daarna kwam niemand meer aan mijn tijd. Ook Fabian Cancellara niet; die werd tweede. Ik weet nog dat Huub Duyn, een vriend van me die bij een andere ploeg reed, naar de uitslag keek en zag dat ik had gewonnen. 'What the fuck heb je gedaan, Thomas?' riep hij. Maar zelf vond ik het niet zo raar. Ik stond er niet bij stil dat ik pas achttien was.

Het ging zo makkelijk allemaal, zo afschuwelijk makkelijk. Het was alsof ik altijd twee keer zes dobbelde. Alsof het leven een sudoku was die zichzelf al oploste als ik er maar naar keek. Waar ik later alles fout deed wat ik fout kon doen, leek elke keuze destijds nog de goede. Ik deed wat ik wilde en ik kwam er nog mee weg ook. Ik leefde voor het wielrennen, maar dat was ook makkelijk omdat ik zoveel won. Ik was als een hond die koekjes kreeg als beloning voor een kunstje: elke keer wanneer ik iets investeerde, dan kreeg ik het dubbel en dwars terug. In zo'n situatie is hard trainen geen opgave, eerder een verslaving. Tegenslag had ik niet of nauwelijks – eigenlijk alleen bij een zeldzame valpartij: een gebroken middenhandsbeentje in het voorjaar van 2003, vijf tanden uit mijn bek toen ik in de gele trui rondreed in de Tour de l'Avenir van 2004. Maar dat waren niet meer dan kleine hobbeltjes op mijn weg. Vanaf het allereerste moment is mijn ontwikkeling als een raket gegaan, zonder noemenswaardige tegenslag.

Ik wist wat ik kon, ik wist wat ik wilde – ook al was ik een van de jongsten van de ploeg. In het beloftenpeloton heersten we als ploeg: er was geen enkel ander team met zoveel talent. We gingen naar koersen met renners als Pieter Weening, Koen de Kort, Ryder Hesjedal, Bernhard Kohl, Rory Sutherland en Laurens ten Dam. We konden vaak kiezen wie er won. Ik moest af en toe expres laten lopen om ook anderen van de ploeg te laten winnen. Soms deed ik dat, soms ook niet. Ik won de Ronde van Normandië, de Triptyque des Monts et Châteaux, de Thüringen Rundfahrt – allemaal achter elkaar. Maar haat en nijd heb ik zelden gevoeld van mijn ploeggenoten. Misschien was dat er wel en voelde ik het niet, misschien was het er nauwelijks, omdat veel van mijn ploeggenoten wisten dat ik toch wel zou doorstromen naar de grote jongens van Rabobank. Ik was geen concurrent van ze; ik stond boven ze in de pikorde, en zo gedroeg ik me ook in de koers. Op het WK van 2003 in Hamilton deed ik de hele dag niks; pas in de finale begon ik te koersen. Ik reed samen met Markus Fothen in één ruk naar de kopgroep en werd derde. Sommige andere jongens van de ploeg waren boos dat ik niet had meegewerkt in het begin van de koers. Daar had ik schijt aan – ik zei niet eens iets terug. Ik bepaalde zelf wel wat ik deed, wat ze ook zeiden.

Steeds vaker fietsten we met de beloftenploeg van Rabobank wedstrijden tussen de grote mannen. In het voorjaar van 2004 trainden we in Portugal – en aansluitend reden we de Ronde van de Algarve. Ik had die wedstrijd omcirkeld in mijn agenda: de hele winter was ik ermee bezig en ik was zelfs de tijdrit gaan verkennen, want ik wist wie er nog meer zou rijden: Lance Armstrong. Hij was op dat moment vijfvoudig Tourwinnaar; ik stond te popelen om me met hem te meten. Toen ik in een van de eerste etappes naast hem reed, begon hij tegen me te praten. Niks bijzonders, een beetje grappend. Hij had al verhalen over me al gehoord, zei hij. 'Ik ook over jou,' zei ik. Ik was eerlijk gezegd meer een fan van Jan Ullrich, maar ik vond het een eer dat de vijfvoudig Tourwinnaar me herkende, en me erkende als tegenstander. Ik vond Armstrong interessant. Al was het maar vanwege zijn uitstraling en zijn entourage. Soms, als er niet hard werd gekoerst, ging ik expres pissen langs de kant van de weg. Dan reed ik terug langs de auto van US Postal om even naar binnen te kijken, naar zijn toenmalige vriendin Sheryl Crow die elke dag achter het peloton aan reed in de auto bij ploegleider Johan Bruyneel.

Hoewel ik in de tijdrit zeven renners inhaalde die vóór me waren gestart, eindigde ik op 19 seconden van Armstrong als vierde. Een dag later, in een etappe met aankomst bergop, reed ik 'm voorbij. In het eindklassement werd ik vierde, hij vijfde. Na de koers vertrokken we met het hele peloton naar het vliegveld. Iedereen stapte in een normale lijnvlucht, Armstrong in zijn privéjet. Dat uiterlijke vertoon, ik vond het prachtig. Het was een show, een manier om de rest te intimideren. Hij was de gorilla die het hardst op zijn borst kon roffelen. En ik was onder de indruk, net als van de Italiaanse juniorenploeg met Nibali een paar jaar eerder. Voor mij gingen die dingen samen. Ik wilde geen grijze muis zijn die hard fietste. Ik wilde een van de grootste gorilla's zijn – op én naast de fiets. Ik wilde de hoofdrol in elk stuk dat ik speelde. Ik wilde niet wachten, ik wilde het niet stap voor stap doen. Dat jaar dácht ik er niet eens aan om het NK tijdrijden bij de beloften mee te doen; ik moest en zou bij de profs rijden. Ik zei van tevoren tegen mijn ploegleider Nico Verhoeven dat ik zou winnen. En ik won.

In de herfst van 2004 werd ik samen met mijn Rabo-ploeggenoot Koen de Kort uitgenodigd voor de Grote Prijs Eddy Merckx – een koppeltijdrit in Brussel. Dat we daar als broekies mochten starten was al een eer; de andere koppels waren vrijwel allemaal gearriveerde vedetten. Maar starten tussen de grote mannen was voor mij niet genoeg. Ik wilde meer. En ik kon meer. Ik voelde mijn benen niet. Koen heeft zitten sterven in mijn wiel, veertig kilometer lang. We haalden renners in die ver voor ons waren gestart. Aan de finish waren we de snelsten en ook de koppels die na ons waren gestart kwamen niet meer aan onze tijd. Erik Dekker en Marc Wauters niet,

Jens Voigt en Bobby Julich niet, Uwe Peschel en Michael Rich niet, George Hincapie en Vjatsjeslav Jekimov niet. Op het podium stonden Peschel en Rich als oorwurmen voor zich uit te staren. Ze voelden zich gepiepeld. De wedstrijdleiding, de commentatoren en de journalisten wisten niet zo goed wat ze met ons aan moesten. Sommigen dachten dat we ergens hadden afgesneden, want het kon toch niet mogelijk zijn dat twee jongetjes al die grote namen hadden geklopt? Die beschuldigingen deden me niets. Ik moest erom lachen. Zelfs al hád je kunnen afsnijden, dan zou ik er nog niet aan gedacht hebben. Waarom zou ik afsnijden als ik ook kon winnen door het netjes volgens de regels te doen?

In datzelfde jaar waren de Olympische Spelen in Athene. Erik Dekker wilde de tijdrit graag rijden, maar bondscoach Gerrie Knetemann passeerde hem. Hij koos voor een andere Dekker: voor mij. Erik was boos, maar voor Knetemann was het simpel: ik was Nederlands kampioen, dus ik zou gaan. En dus stond ik een paar weken later met een oranje koffer op Schiphol. In Athene was het zinderend heet. Het asfalt smolt, ik zwom in mijn eigen zweet. Met een bus werd ik naar het olympisch dorp gebracht. Ik deed stoer, maar ik keek rond alsof ik water zag branden. Alleen de eethallen al vond ik geweldig: al die sporters die dwars door elkaar heen van alles naar binnen stouwden. Ik bleek met een andere renner op de kamer te liggen. Toen ik binnenkwam zag ik wie het was: Michael Boogerd. Thuis hing hij nog steeds als poster boven mijn bed, in Athene lag hij in het bed naast me. Hij was gevallen in de wegwedstrijd, een paar dagen eerder. Hij zag eruit als een Michelinmannetje: overal zat verband en gaas. Ik vroeg of het een beetje met hem ging. Hij zei: 'Tuurlijk pik.' En: 'Klap je koffer open, ga liggen, doe alsof je thuis bent.'

Hij was sympathiek, maar heel veel contact hadden we niet. Onze werelden lagen zo ver uit elkaar. Hij ging met Karsten Kroon naar een concert van Tiësto, ik maakte me druk als ik om halfelf nog niet op mijn bed lag. De tijdrit zelf was niet om over naar huis te schrijven. Misschien kon dat ook wel niet: in zo'n grote wedstrijd kon ik nog niet tegen de allerbesten van de wereld op. Ik werd twintigste. Knetemann was er tevreden mee: 'Kijk maar goed om je heen jongen, nu kan het nog. De volgende keer dat je hier staat doe je mee om de knikkers.'

Ik was Alice in Wonderland. Een A-junior in het eerste van Ajax. Ik hoorde er wel bij, maar ergens ook niet. Ik reed in de wedstrijden tegen dikbetaalde profs, ik versloeg ze zo nu en dan, maar ik was tegelijkertijd nog een groentje met een contract bij een beloftenteam. In 2003 verdiende ik 5.000 euro per jaar, maar met al het prijzengeld erbij werd het 25.000 euro. Omdat ik zo hard reed, wilde ik in 2004 méér salaris. Ik vond dat ik dat verdiende en dus ging ik samen met mijn vader naar Breda om er in een chic restaurant te onderhandelen met Jan Raas en Piet Hubert van de bank. Ze boden me 15.000 per jaar, ik wilde 20.000. Raas en Hubert stuurden me de gang op en lieten me heel lang wachten. Ik ijsbeerde door de gang, ging honderd keer zitten en weer staan. Na een eeuwigheid riepen ze me weer binnen. We spraken 17.500 euro af, in het midden dus. Ik was blij en opgelucht, maar achteraf denk ik dat zij er heel hard om hebben moeten lachen. Zo'n ventje dat een paar duizend euro meer wilde; waar ging dat in godsnaam nou helemaal over? Zij wisten ook wel dat zo'n bedrag een schijntje was op de contracten van de seizoenen erna. Misschien deden ze het om me op te voeden. Om me te laten weten dat je met kleine salarisverhogingen ook blij kon zijn.

Dat ik het jaar daarna, in 2005, prof zou worden bij Rabobank stond vast. Maar ik mocht er in 2004 al aan snuffelen. Diep in het seizoen mocht ik stagelopen. Ik ging mee met de grote mannen naar de Grote Prijs van Fourmies, de Ronde van Rheinland-Palts en de Coppa Sabatini. Het was een test, voor de ploeg en voor mezelf. Ik mocht een andere wereld betreden. Ik mocht zwemmen in het diepe. Met de zwembandjes van mijn beloftencontract nog aan, maar toch.

7.

Ik kom de kamer binnen, mijn koffer rolt als een hondje achter me aan. Er staan twee bedden. Het ene bed is leeg. Op het andere zit Steven de Jongh – hij is in de Ronde van Rheinland-Palts mijn ploeggenoot en mijn slapie. Ik begroet hem. Hij knikt naar me. Daarna zet hij de tv op pay-tv – ik zie pompend vlees en hoor gehijg. Steven pakt twee handdoekjes, gooit er eentje naar me toe en zegt: 'Eerst effe aftrekken.'

Ik weet niet wat ik moet zeggen. Ik sta daar, mijn jas nog aan, mijn koffer in mijn hand. Het is de eerste keer dat ik meega met een etappekoers bij de profs. Het is de eerste keer dat ik een week lang tussen de grote jongens leef. Ik ken Steven nauwelijks: eigenlijk alleen van tv. Ik ben bij hem op de kamer gezet omdat hij ervaren is en omdat hij ook uit Noord-Holland komt. Dat schept een band, zeggen ze. Hij moet me vertellen hoe het is om prof te zijn. Ik heb jarenlang gezwommen in het pierenbadje; het profpeloton is als zwemmen in het diepe. En renners als Steven worden geacht mij te leren zwemmen. Ik kijk tegen hem op. Ik had me de eerste keer dat ik bij hem op de kamer lag iets anders voorgesteld. Ik had gedacht dat ik een hand zou krijgen, niet een handdoekje.

Ik zet mijn koffer neer, trek mijn broek omlaag en ga op het bed zitten. En ik probeer me te concentreren op het gepomp en gehijg op tv. Als dit een test is, dan wil ik er niet voor zakken. Ik doe mee.

Want wat moet, dat moet.

Een paar dagen later krijg ik op een avond na een etappe mijn eerste injectie van de ploegarts. Geert Leinders heet hij, een Belg. Hij werkt al jaren voor Rabobank. Het is een slimme, introverte man die me kalmpjes uitlegt wat hij me inspuit. Het is Actovegin, een kalfsbloedextract. Het staat niet op de dopinglijst. Er zitten aminozuren in voor het herstel. Leinders vraagt of ik het begrijp. Ik zeg: 'Tuurlijk.' Ik vind het eerlijk gezegd wel stoer, zo'n spuit erin. Het voelt heel professioneel.

De wedstrijd zelf beleef ik vreemd genoeg niet heel anders dan bij de beloften. Er zijn méér goede renners, maar ik word niet naar huis gereden. Integendeel. In de tweede etappe rijden we met zes man weg op een klimmetje. Ploeggenoot Erik Dekker zit er ook bij. Hij zegt tegen me dat ik me moet concentreren op de bergpunten: 'Dan kun je misschien de bergtrui wel pakken.' Maar ik hoef die bergtrui helemaal niet. Wat moet ik nou met de bergtrui van de Ronde van Rheinland-Palts? Ik wil gewoon de rit winnen. En dus sprint ik niet mee voor de bergpunten. Op een kilometer of tien van de streep val ik aan. Niemand reageert – of niemand kan meer reageren, dat kan ook. Pas vlak voor de finish kijk ik om: de straat is leeg zo ver ik kan kijken. Ik steek mijn handen in de lucht. Maar ik ben niet euforisch. En ook niet verrast. Ik ben zo gewend aan winnen dat het normaal is. 's Avonds, aan tafel, wordt mijn overwinning gevierd. Niet heel uitbundig, een paar flessen wijn, meer niet. Achteraf besef ik pas hoe bijzonder het moet zijn geweest, zo'n jochie dat in zijn eerste etappekoers als stagiair meteen wint, maar op dat moment sta ik er niet bij stil. Als anderen tegen me zeggen dat het bijzonder is, haal ik mijn schouders op.

Na de laatste rit van Rheinland-Palts, waarin ik nog tweede word, ga ik met de profs mee naar de Coppa Sabatini – een Italiaanse voorbereidingskoers op het WK. In de dagen voor de wedstrijd lig ik op de kamer met Michael Rasmussen. Ik vind hem een rare snuiter. Hij zegt nauwelijks een woord en is de hele dag het liefst op zichzelf. En hij eet bijna niks. Ik zie zijn botten door zijn shirt heen. Een paar dagen voor de koers gaan we een rondje fietsen, over de Monte Serra. Het is bloedheet, maar Rasmussen rijdt met beenstukken en twee jackies aan. Hij moet nog even 'flink inzweten', zegt hij. Wat dat betekent weet ik op dat moment nog niet.

In de Coppa Sabatini rij ik in een peloton vol grote vedetten. Jan Ullrich, Francesco Casagrande, Franco Pellizotti, Stefano Garzelli, Michael Boogerd – ze bereiden zich allemaal voor op het WK dat een week later in Verona plaatsvindt. Ullrich wint, ik word zesde. Het liefst zou ik een week later revanche nemen op het WK voor profs, maar ik doe mee aan het WK voor beloften omdat ik per se wereldkampioen wil worden. Maar dat word ik niet. In de tijdrit eindig ik als tweede, achter Janez Brajkovič (en voor Vincenzo Nibali). Het is de grootste teleurstelling van mijn carrière – omdat ik er geen rekening mee had gehouden dat ik ook weleens níet zou kunnen winnen. Bij de podiumceremonie moet ik me inhouden om de zilveren medaille niet meteen weg te smijten. En als ik terugkom in het hotel zit ik minutenlang te janken op de rand van mijn bed. Een paar dagen later, in de wegwedstrijd, word ik verdomme wéér tweede: ik kom in de finale net te laat om de eerder ontsnapte Kanstantsin Sivtsov nog terug te pakken.

Die avond ga ik op stap met mijn ploeggenoten en mijn zusje – ze is in Varese om me aan te moedigen. Ik ben gefrustreerd en ik wil mijn tweede plaatsen verzuipen. Er is een feestje in een discotheek in Verona waar veel wielrenners naartoe gaan. Er wordt gezopen en gedanst: voor veel renners zit het seizoen erop. Mario Cipollini komt naar me toe. Hij kent me. Hij zegt tegen me dat ik een vedette ga worden. Daarna begint hij een verhaal over hoe goed hij zelf vroeger was. Ik voel dat ik erbij hoor. Dat ik naam maak in het wielrennen. Het streelt mijn ego. Ik merk dat ik status belangrijk vind. Dat ik herkend wil worden, dat ik erkend wil worden. Dat ik serieus word genomen door de grote mannen in de sport. Ik heb dat jaar mijn eerste profzeges behaald en mijn eerste spuit in mijn lichaam laten zetten. Daar, in die discotheek, is het alsof ik definitief een andere wereld in stap. Mijn tijd bij de guppies zit erop, ik heb mijn laatste WK als belofte gereden, er wacht een ander peloton met andere mores.

Diep in de nacht kom ik Elisa Basso tegen. Ze is de zus van Ivan Basso, maar ze is totaal anders dan hij. Ivan is een zachtaardige jongen met Bambi-ogen, Elisa is een vamp. Ze is altijd op jacht. Ze heeft een relatie met Eddy Mazzoleni, die dat jaar bij Saeco rijdt. Maar ze doet het met iedereen, hoor ik achteraf. Dat maakt me niet uit. Ze is mooi, ze is ouder dan ik, ze is rondemiss op dat WK. Ik ben best al met wat vrouwen naar bed geweest, maar zij is een bevestiging van mijn status. Ik voel me gevleid dat ze mij wil. Ze pakt mijn hand en trekt me naar buiten, zonder iets te zeggen. Ze houdt een taxi aan. We rijden naar haar hotel. Daar aangekomen leidt ze me naar haar hotelkamer, recht haar bed in.

8.

Zijn handdruk is stevig. Zijn haar is zo zwart dat het geverfd lijkt, en strak achterovergekamd. Hij praat veel en snel. Jacques Hanegraaf zit op de bank tegenover mij en mijn ouders. Hij is naar Dirkshorn gereden, in een donkere Volvo, om kennis te maken. Hij vertegenwoordigt renners. Hij onderhandelt voor ze, hij geeft ze financieel advies, hij regelt belastingzaken. Maar hij is óók manager geweest van verschillende wielerploegen – waaronder Farm Frites en Team Coast. Hij kent iedereen in het wielrennen, en iedereen kent hem.

Ik ben met hem in aanraking gekomen via de bondscoach, Gerrie Knetemann. Ik kon wel een manager gebruiken, vond Gerrie, voor de contracten en de financiën – dan kon ik me concentreren op het sportieve deel van mijn carrière. Met de beste bedoelingen raadde hij Hanegraaf aan. Hij zei: 'Die is glad, maar goed.'

Het is november 2004 als Jacques bij ons thuis in de huiskamer zit. We zitten aan de eettafel. Ik drink een frisje, hij en mijn ouders koffie. Ik ben nerveus, ik krijg een ongemakkelijk gevoel van hem. Hij praat de hele avond. Hij heeft een goed verhaal. Hij zegt dat ik extreem veel talent heb, dat het een kwestie van tijd is voordat ik de allergrootste wedstrijden van de wereld win. Maar dat er ook veel bij komt kijken. Prof zijn is niet alleen trainen, eten, slapen en koersen – er zijn ook veel randzaken. Onderhandelingen met ploegmanagers, sponsorcontracten, media – noem maar op. Ik heb mensen nodig die me ondersteunen. Ik heb iemand nodig op wie ik altijd kan terugvallen. Met die iemand bedoelt hij zichzelf.

Hij palmt me in, en mijn ouders ook. Hij belooft gouden bergen. Hij peutert me aan mijn verstand dat ik nu al een grote meneer ben. Alle ploegen willen me hebben. De toekomst, dat ben ik. Ze moeten bij Rabobank God op hun blote knietjes danken dat ik voor ze wil rijden. Die dankbaarheid zouden ze volgens Jacques moeten uitdrukken in geld. Ik zou minimaal twee ton moeten verdienen in mijn eerste profjaar. Hij raakt me op een kwetsbare plek; het is precies wat ik wil horen. Hij maakt me groot, hij maakt me belangrijk. Ik besluit met hem in zee te gaan. We spreken af dat hij gaat proberen om die twee ton uit het vuur te slepen.

Eén probleem: ik heb in mei al een tweejarig contract getekend bij Rabobank, voor de seizoenen 2005 en 2006 – voor één ton per jaar. Jacques vindt het veel te weinig. Hij praat op me in dat ik er geen genoegen mee moet nemen. Dat we moeten proberen het contract open te breken. En het werkt. Ik ben er gevoelig voor. Toen ik het contract tekende, vond ik een ton vreselijk veel geld; maar Jacques wakkert ontevredenheid in me aan. Zijn woorden werken als een rode lap op een stier. Er gaat een knop om. Ik voel dat er dingen op scherp worden gezet. Dit is iets anders dan met mijn vader naar Breda rijden om met de zenuwen gierend door mijn lijf een paar duizend euro meer te vragen. Dit gaat om het echte geld. Een ton is niet genoeg. Mijn ouders snappen er niets van. Voor hen is een ton heel veel geld. Zeker voor zo'n jong ventje. Maar ze hebben de grip op mij dan al lang verloren. Ik ben niet zoals zij. Ik wil méér. Als Jacques aan het eind van de avond in zijn Volvo stapt, is er een wig tussen mij en Rabobank gedreven.

Méér, méér, méér – er woonde een gevoel van chronische ontevredenheid in mij, maar het was niet meer dan een vonkje dat af en toe oplaaide. Met Jacques als manager wordt het vonkje een uitslaande brand. Hij en ik, dat is 1 + 1 = 3. Ik wil geld, hij wil geld. Van alles wat ik verdien – salaris, premies, startgeld – krijgt hij tien procent plus btw. En geduld hebben we niet. Met Jacques maak ik geen meerjarenplan, we hebben het niet over waar ik sta over vijf of tien jaar. Niks geduld. Niks wachten. Niks eerst maar eens een paar jaar prof zijn. We willen het nú.

Op advies van Jacques verhuis ik kort daarna naar België. Naar Lanaken, net over de grens bij Maastricht. Er wonen daar wel meer Nederlandse renners. Ik kan er beter trainen dan in Noord-Holland en bovendien is het belastingtechnisch een stuk interessanter.

Jacques gaat aan de slag om mijn contract met Rabobank open te breken, nog voordat het officieel ingaat. Hij stelt voor dat ze mijn salaris verdubbelen: van één naar twee ton. Maar

Theo de Rooij, die Jan Raas inmiddels als manager heeft vervangen, gaat er niet op in. Hij zegt dat ik een contract heb getekend, dat een ton heel veel geld is voor een jochie van twintig jaar oud. En dat ik eerst maar eens een volledig seizoen als prof moet rijden. Hanegraaf is boos. En ik dus ook. Ik voel me niet gewaardeerd. Ik vind ze krenterig, de mensen in de ploegleiding van Rabobank. Wie denken ze wel niet dat ze zijn?

Ik ben nog maar een kind. Ik heb een rol koekjes opgegeten, maar ik wil nog meer. En als ik dat niet krijg, dan ga ik jengelen. Het is niet genoeg, het is nooit genoeg. Dat gevoel van altijd méér willen: het vreet zich in in mijn lijf. Ik ben besmet.

Besmet met chronische ontevredenheid.

9.

Het is een vleeskeuring. De meisjes komen zich voorstellen, een voor een. Ze hebben namen die rechtstreeks uit een pornofilm lijken te zijn gekopieerd. Ze lopen op hoge hakken en dragen rokjes zo kort dat je niet hoeft te bukken om eronder te kunnen kijken. Onze geilheid echoot in de dieptes van hun decolletés.

We zitten met een handvol wielrenners aan de bar, we drinken bier en baco's en we bespreken met elkaar wie welk meisje neemt. Ik vind het spannend, maar voel me tegelijkertijd opgelaten en ongemakkelijk. Het is de eerste keer dat ik naar de hoeren ga. De naam van deze club is Sauna Diana; het is in de buurt van het hotel waar het eerste trainingskamp van de winter is belegd. Het is in de eerste dagen van december 2004; nog even en ik begin aan mijn eerste seizoen als profrenner. Een trainingskamp met de profs is iets anders dan een trainingskamp met de beloften of de junioren van Rabobank, merk ik. Ik dacht dat het serieuzer zou zijn, maar het is juist omgekeerd. Er is méér dan wielrennen alleen. Een trainingskamp met de profs bestaat uit twee delen. Overdag rijden we op een mountainbike over modderige bosweggetjes, 's avonds wordt er gezopen. In de jaren ervoor had ik de regel dat ik tussen 1 januari en 1 oktober geen druppel dronk, uitgezonderd dan een feestje na het Nederlands Kampioenschap – in de wintermaanden ertussen ging ik hooguit een paar keer uit. En zeker niet als ik de volgende dag hard moest trainen. Maar bij de profs komt er tijdens een trainingskamp wijn op tafel en wordt er in de bar elke avond gezopen. De renners gaan uit en niemand doet er moeilijk over. Het hoort erbij, blijkbaar. Het komt niet eens in me op om nee te zeggen als Michael Boogerd me vraagt of ik meega naar de hoeren. Ik voel me vereerd dat ik mee mag. En dus zitten we even later met z'n vijven in de auto, op weg naar Sauna Diana. Bij binnenkomst krijgen we een hand van de eigenaars: de broertjes Simons. Ze kennen iedereen bij naam.

Het meisje dat ik uitkies is eigenlijk meer een vrouw. Ze is een jaar of veertig, blond, en ze is aardig tegen me. Op dat moment zoek ik er niets achter dat ik een vrouw van twintig jaar ouder uitkies, maar achteraf is het ergens wel logisch: ik val vaak op oudere vrouwen. We zwemmen eerst een halfuurtje, daarna gaan we naar de kamer. Als we klaar zijn loop ik naar beneden. In de bar zitten de andere renners al op me te wachten. We rekenen af en rijden terug naar het hotel. De volgende morgen fietsen we weer over modderige bospaadjes.

De winter voorafgaand aan mijn eerste profseizoen is één grote aaneenschakeling van trainingskampen. Tussen de trainingskampen met de ploeg door ga ik zelf naar Mallorca. Ik train me het apelazarus, elke dag. Ik maak trainingsweken van 35, 40 uur. Ik brand van ambitie, ik wil er vanaf de eerste koers staan.

Op de trainingskampen met Rabobank, in Spanje, ben ik een van de besten. Ik rij iedereen eraf tijdens tests op de Col de Rates. Maar ik wil me 's avonds en 's nachts niet laten kennen: als er wordt gezopen, dan ben ik erbij. Ik leef van het ene extreme in het andere; ik merk dat ik met zuipen net zo extreem ben als met wielrennen. Ik leer wijn drinken, maar meestal sla ik zoete mixjes achterover. We gaan uit in louche Spaanse bars – in de zomer sta je er op elkaar gepakt als sardientjes in een blik, in de winter zijn er alleen een paar wielrenners in hun trainingspak, en een verdwaalde zuipschuit. We drinken, we lallen, we worden uit bars gezet omdat we ons misdragen, we kotsen tegen bushokjes en we strompelen laveloos terug naar het hotel. Tijdens de trainingen wordt er kneiterhard gereden, vooral door de renners die het meeste drinken. Niemand wil voor de anderen onderdoen; hoe stoer je bent wordt afgemeten aan hoe hard je fietst én hoe hard je drinkt. Ook met een kater sta je om tien uur stipt klaar voor de training. Te laat komen doet niemand. Op Óscar Freire na dan. Maar die is standaard te laat.

Op een middag na een training loop ik over de gang van het hotel als ik plotseling gestommel achter me hoor. Ik kijk om en zie een stel ploeggenoten op me af stormen. Wie het precies zijn kan ik niet zien: ze hebben onderbroeken en nylonkousen over hun hoofd getrokken. De dunste van allemaal, die ik ook mét een onderbroek over zijn hoofd meteen herken als Michael Rasmussen, heeft een tondeuse in zijn handen. Ik besef wat ze willen; de verhalen over de ontgroening heb ik al eerder gehoord. Maar ik wil mijn lange haren niet kwijt. Ik probeer te ontkomen, maar ze zijn met te veel. Ze pakken me vast en trekken me een kamer in. Iemand roept: 'Thomas, niet tegenstribbelen, dit hoort erbij!' Maar ik sla en schop om me heen. No fucking way dat ze me kaalscheren. Ik word wilder en wilder; het lukt ze niet om me stil te krijgen. Na een paar minuten geven ze het op. Marc Wauters trekt de kous van zijn hoofd. Hij gaat hijgend op de rand van het bed zitten en vraagt: 'Als je niet ontgroend wilt worden, hoe wil je dan dat we straks voor jou op kop rijden?' Ik zeg: 'Dat heeft niks met ontgroening te maken. Jij wordt betaald door Rabobank om straks voor mij op kop te rijden.'

Dat jaar is er niemand ontgroend. Ik niet, en de andere eerstejaars ook niet.

10.

De vrijdag voor mijn eerste Parijs-Nice ga ik uit logeren. Bij Erik Dekker thuis, in Meerle. Hij heeft dezelfde achternaam als ik, maar hij is geen familie van me. De ploeg ziet in hem een goede mentor voor mij. Hij is tijdrijder, net als ik. Hij rijdt hard in de klassiekers – net als ik graag zou willen. Aan tafel, tijdens trainingskampen en na wedstrijden, is hij soms luidruchtig, maar hij laat zelden het achterste van zijn tong zien. Het maakt me des te nieuwsgieriger wat hij te vertellen heeft.

Ik slaap op de logeerkamer. Eriks vrouw geeft me een paar lakens voordat ze me welterusten wenst. Ik leg ze op het bed en ga eronder liggen. Maar als ik de lakens over me heen trek, schiet de rand van het laken tussen mijn kleine teen en de teen ernaast. Ik haal het velletje open. Het begint meteen te bloeden. En niet zo'n beetje ook. De schone witte lakens kleuren rood. Ik weet niet wat ik moet doen. Ik kan moeilijk de grote Erik Dekker wakker maken omdat mijn teen bloedt. Maar gelukkig vind ik een plastic zakje in de kamer. Ik stop mijn voet erin en ga slapen. De volgende dag leg ik het uit aan Erik en zijn vrouw. Ze moeten erom lachen. Daar ben ik blij om.

We worden samen opgehaald. Tijdens die week lig ik op de

kamer bij Erik. Ik praat veel tegen hem, hij een stuk minder tegen mij. Hij is vooral bezig met zichzelf. Op een avond, als we op bed liggen, vraag ik aan Erik hoe het zit met doping. Ik weet dat het wordt gebruikt – ik lees de kranten en ik weet ook dat Erik een paar jaar daarvoor het WK niet mocht rijden vanwege een te hoog hematocrietgehalte – maar verder is het een ver-van-mijn-bed-show voor me. Doping is een magisch woord uit een parallel universum dat heel dichtbij is, maar tegelijkertijd heel ver weg. Erik wil er niet over praten. Hij zegt: 'Thomas, ik vind het leuk om met je op de kamer te liggen. Maar we gaan het nooit over doping hebben. Van mij zal je er nooit iets over horen.' Het klinkt als een statement. Over doping praten is een no-goarea.

Ik gebruik in die week voor het eerst slaappillen. Bij de beloften was het ondenkbaar, maar het blijkt heel normaal te zijn bij de profs. De dokter doet na de koers twee rondes: eentje na de etappe om een infuus met vitaminen, mineralen en andere (legale) herstelmiddelen toe te dienen, 's avonds om slaappillen uit te delen. Er zijn jongens die niet hoeven, maar de meesten nemen wel. Michael Boogerd neemt elke dag slaappillen. Zonder pillen kan hij niet meer slapen, zegt hij. Omdat hij het doet, en omdat het me wel handig lijkt om meteen in slaap te vallen, gebruik ik ze ook.

In tegenstelling tot Erik Dekker is Michael Boogerd wél heel open. Waar Dekker de deur naar de duistere kamers van het wielrennen resoluut dichtgooit, daar laat Boogerd 'm open staan. Het is niet zo dat hij vanaf het eerste moment vertelt over alles wat hij gebruikt, maar hij ontwijkt onderwerpen over pillen en spuiten ook niet. Tussen Michael en mij klikt het sowieso. We hebben dezelfde humor, we luisteren naar dezelfde muziek, we kijken naar dezelfde vrouwen, we houden allebei intens veel van wielrennen. Als je hem vraagt wie er vijfde was in de Ronde van Emilië van vijf jaar terug, hoeft hij niet eens na te denken over het antwoord. Hij is, net als ik, mateloos in de dingen die hij doet. Als hij traint, dan traint hij hard. En als hij drinkt, dan drinkt hij hard.

In de koersen merk ik dat ik niet word weggeblazen. Ik rommel Parijs-Nice door omdat ik verkouden ben – maar een week later, in het Critérium International, kan ik met de besten mee. In de tweede etappe, een ochtendritje van negentig kilometer, is het vanaf de start volle bak koers. Het is guur weer; de weg is nat, de hemel donker. Voordat ik het weet is er een groep vertrokken met alleen maar favorieten: Jens Voigt, Jörg Jaksche, Bobby Julich en Ivan Basso. In het peloton valt een klein gaatje aan de rechterkant van de weg, ik duik erin en maak in mijn eentje de oversteek naar de koplopers. Het peloton maakt de hele tijd jacht op ons, maar ze zien ons niet meer terug. Het is een ploegentijdrit met zes man, en ik voel mijn benen niet. De aankomst is op een klein heuveltje. Jaksche gaat veel te vroeg aan. Ik wacht tot het juiste moment en sprint dan langs hem heen. Het is mijn eerste grote overwinning, maar weer sta ik er nauwelijks bij stil. Na de finish ben ik vooral bezig met de tijdrit die dezelfde dag nog wordt verreden. Ik wil het eindklassement ook winnen. Dat lukt niet. In de tijdrit word ik vierde – achter Jens Voigt, maar wel ver voor renners als Bradley Wiggins en Floyd Landis. Het is goed voor plek twee in het eindklassement. En dat is voor mij een plaatsje te laag. Ik baal van mijn tijdrit, ik baal dat ik niet heb gewonnen.

Ik koop in het voorjaar voor zeshonderd euro aan vitaminen en visolie. Het wordt geleverd in een grote kartonnen doos. Ik loop ermee over de gang van het hotel als Michael Boogerd en Steven de Jongh me zien lopen. Ze vragen me wat erin zit. Als ik zeg dat ik vitaminen en visolie heb gekocht, beginnen ze heel hard te lachen. Ik snap de grap niet. Ik denk dat het een goede investering is, dat ik mijn lichaam ermee verzorg, maar Boogerd en De Jongh komen niet meer bij. Als ze uitgelachen zijn, zegt Michael: 'Voor dat geld had je heel wat harder kunnen rijden.' Ik lach schaapachtig.

De Giro d'Italia is mijn eerste grote ronde. Ik ga erheen om te leren, om inhoud op te doen voor de jaren erna. In de twee lange tijdritten wil ik mezelf meten met de besten, in de andere etappes mag ik een beetje aanklooien en kijken wat er te halen valt. Een echte kopman hebben we niet. Voor de start, in Reggio Calabrië, diep in het zuiden van Italië, gaat er een gerucht in de ploeg dat een van onze Russen, Aleksandr Kolobnev, een heel hoog hematocrietgehalte heeft. Vanaf dat moment moet hij voor elke koers naar Nederland vliegen om zijn hematocriet te laten meten door de ploeg. Verder wordt in

Italië in het peloton geroezemoesd dat de Italiaanse politie razzia's zal houden in de rennershotels, op zoek naar doping. De ploegleiding van Rabobank neemt geen risico: ze nemen alle supplementen in. Ook mijn dure vitaminen. In plaats daarvan krijgen we elke dag een tabletje Supradyn.

Tijdens de etappes voel ik dat de Giro iets anders is dan de wedstrijden die ik eerder in het seizoen heb gereden. Er wordt bizar hard gereden, vooral bergop. Voor het eerst in jaren ben ik niet meer dan pelotonvulling. Ik word op mijn plek gezet. In kleinere koersen kan ik me meten met de beste renners van het peloton, maar in de Giro rijden diezelfde renners me zoek. Ik volg, ik volg, ik volg, tot het moment dat de grote mannen versnellen en ik word weggeblazen als een madeliefje in de wind. Aan tafel en in de ploegbus hebben we het erover hoe hard er wordt gereden. Er worden dubbelzinnige opmerkingen gemaakt over de klassementstoppers. Ik hoor oudere ploegmaten tegen elkaar zeggen dat Ivan Basso 'écht heel goed in orde is' – het cynisme druipt van hun woorden. Ik zie Basso in de koers alleen maar in de verte, ver voor me uit. Zijn zus zie ik van een stuk dichterbij: na twee weken sms'en komt ze me opzoeken. Op de rustdag lig ik in mijn bed, maar niet om uit te rusten. Elisa wil nog een keer, en nog een keer, en nog een keer, en nog een keer.

In de laatste week van de Giro zie ik af als een beest. Ik heb een bek vol koortsblaren en na drie grote bergetappes achter elkaar zit ik te huilen onder de douche omdat ik niet meer op mijn benen kan staan. Ik voel me ineens maar een broekie in een grotemannenwereld. De jaren ervóór ging alles vanzelf, hoefde ik nooit genoegen te nemen met een plaatsje in de grupetto en liep mijn carrièrepad recht de hemel in – maar in de Giro moet ik ineens pas op de plaats maken. Achteraf zie ik dat het niet meer dan logisch is: van een eerstejaars prof kun je niet verwachten dat hij meteen mee kan in het geweld van een grote ronde. En zo erg is het op dat moment niet eens: ik kan bergop niet mee met de besten, maar ik heb nooit moeite om op tijd binnen te komen en ik hoef lang niet zoveel te ploeteren als de helft van het peloton dat nog achter me finisht. Maar zo zie ik dat zelf niet als twintigjarig jochie. Ik ben teleurgesteld, ik zoek naar verklaringen. En ik zie doping als een van de belangrijkste redenen dat ik bergop word weggeblazen. Daar, in die Giro, wordt het fundament gelegd van mijn overtuiging dat je zonder verboden spullen niet mee doet voor de échte prijzen. Na een van de zwaarste bergetappes plof ik neer op een stoel in de ploegbus en klaag ik tegen Frans Maassen, een van onze ploegleiders, dat er zo hard ('Dat kan toch niet?') wordt gereden omdat er doping gebruikt wordt. We krijgen meteen ruzie. Maassen zegt dat ik niet hard kan maken dat anderen met dope rijden, en dat ik niet zo moet zeiken.

Ik zal geen kwaad woord zeggen over Frans Maassen. Ik heb hem in al die jaren nog nooit iets over doping horen zeggen, en het verhaal gaat dat hij zelf is gestopt als wielrenner omdat hij geen epo wilde gebruiken. Ergens begrijp ik het achteraf dat hij niet met me over doping wilde praten. Maar ik kan op dat moment niet doen alsof het er niet is. Ik ben te nieuwsgierig. Ik heb behoefte aan mensen die er met me over praten, die me begeleiden. En die mensen zijn er niet bij de profs van Rabobank. Er is geen beleid, er is geen sturing. De ploegleiding doet alsof het niet bestaat, de meeste renners gaan hun eigen gang. Ik accepteer de orders van de ploegleiding in de koers, maar ik kijk niet tegen ze op. Ze lijken niet te begrijpen wat er in me om gaat, wat ik nodig heb. En daarom zoek ik naar andere voorbeelden, naar andere ijkpunten. Die vind ik in de renners om me heen: vooral in de kopmannen die het hardst rijden. Dat ik door de verkeerde voorbeelden word aangetrokken is mijn eigen fout, mijn eigen zwakte. Maar ik zou achteraf een moord hebben gedaan voor een vedette in de ploeg die me had verteld dat ik met mijn fikken van de dope af moest blijven.

Aan het eind van mijn eerste profjaar reis ik na de Eneco Tour, waarin ik vierde word, naar de Ronde van Polen. We slapen er elke nacht in vijfsterrenhotels. Op de avond na een bergrit zitten we in zo'n hotel in de buurt van Karpacz. Ik lig op de kamer met Joost Posthuma. We vervelen ons. Ik stel voor om nog even een colaatje te drinken in de bar. Dat blijkt een halve discotheek te zijn, in de kelder van het gebouw. Waar ik ook kijk: alleen maar mooie vrouwen. Het lijkt op het eerste gezicht net een ontmoeting van Victoria's Secret-modellen. Maar het blijken allemaal prostituees te zijn. Michael Boogerd kiest de mooiste van allemaal. Als hij even later terugkomt fluistert hij: 'Niet normaal meer, man.' Dus ik gebaar tegen hetzelfde meisje of ze ook met mij wil. Ze knikt. Ik zeg tegen Joost dat hij voorlopig even niet kan gaan slapen en ik neem haar mee naar de kamer. We nemen de lift en lopen daarna door een lange gang. Vlak voordat ik mijn kamer binnenga, zie ik Erik Breukink in de verte de gang in lopen. Hij is ploegleider in de Ronde van Polen, en bovendien een van de managers van de hele ploeg. Ik hoop dat hij niet gezien heeft dat ik net ik een blonde vrouw de kamer in duw. Maar een minuut later hoor ik geklop op de deur. Ik spiek door het kijkgaatje en vloek. Breukink staat voor de deur. Ik stoot het Poolse meisje aan en leg mijn vinger op mijn lippen. 'Ssssst!' Ik duw haar de wc in. Daarna open ik de deur. Breukink stormt binnen. 'Er is een meisje op de kamer hè? Waar is ze?' Ik doe alsof ik van niks weet. Hij kijkt op het balkon en onder het bed. En daarna in de wc. Daar zit ze. Breukink krijgt meteen vlekken in zijn nek en zijn gezicht loopt rood aan. Hij is woest. Hij duwt het meisje de kamer uit en begint een preek af te steken. 'Godverdomme Thomas, wie denk je dat je bent? Je moet morgen koersen.' Het gaat mijn ene oor in en het andere oor uit. En ik moet op mijn lip bijten om niet in lachen uit te barsten als hij zegt: 'Op jouw leeftijd nog wel. Je moet alles nog bewijzen, jochie. Michael Boogerd en Erik Dekker zouden dit nóóit doen.' Misschien weet hij echt niet wat die doen, misschien zegt hij maar wat. Maar voor mij is het een bevestiging dat hij niet weet wat er speelt in de ploeg, of het niet wíl weten. En waarom zou ik van zo'n vent iets aannemen?

De dag erna staat er een tijdrit op het programma, vroeg in de ochtend. Bij het ontbijt ontwijk ik de blik van Breukink, die duidelijk nog steeds boos op me is. Mijn ploeggenoten kijk ik ook niet aan, anders schiet ik in de lach. Het is een beetje zoals vroeger op school, als je propjes had gegooid naar de leraar. In de tijdrit rijdt er, als een soort strafmaatregel, geen auto met een ploegleider erin achter me aan. Ik krijg geen aanwijzingen, ik moet het doen met de aanmoedigingen van Ton van Engelen, een van de soigneurs. Dat maakt me niks uit. Ik rij mijn longen toch wel uit mijn lijf. Niemand rijdt sneller dan ik: ik win de tijdrit – voor Bobby Julich – en word derde in het eindklassement. Voor het eerst sta ik op het podium in een ProTour-koers. Ik moet naar de dopingcontrole, en Breukink gaat met me mee. In het hokje zitten we naast elkaar te wachten tot ik aan de beurt ben. Ik zeg niks, Breukink zegt niks. Na een minuut of tien zwijgen mompelt hij: 'Als je je gisterenavond had gedragen, dan had je het klassement misschien wel gewonnen.' Ik zwijg terug.

Het WK van dat jaar is in Madrid. Het is er warm en stoffig. Ik rij voor de Nederlandse selectie, maar er is een arts van Rabobank meegereisd: Geert Leinders. Op de dag voor de wegwedstrijd komt hij naar mijn kamer. Hij heeft een spuit bij zich, en een flesje. Synacthen staat erop. Ik weet niet wat het is, maar heb er weleens van gehoord; het woord viel soms in gesprekken aan tafel. Leinders legt uit dat het middel de eigen aanmaak van cortisonen stimuleert. Dat ik me aan het begin van de koers een beetje geblokkeerd kan voelen, maar dat het een euforisch gevoel kan geven in de finale van een lange koers. Ik kan er dieper mee gaan, zegt hij. Het is geen wondermiddel, maar wellicht helpt het wel. Dat het een verboden middel is zegt hij er tussen neus en lippen bij, meteen gevolgd door de opmerking dat het toch niet opspoorbaar is. Het nadeel van cortisonen is dat het vocht vasthoudt. Daarom moet ik me warm aankleden bij het losrijden. 'Dan kun je het er een beetje inzweten.' Ik krijg niet het gevoel dat de cortisoneninjectie doping is, of dat ik er een grens mee overschrijd. In de koers merk ik er niet veel van. Ik rij de hele dag van achteren, werk me in de finale naar voren en ben de enige die mee kan als Alejandro Valverde naar de kopgroep springt. Ik word vijftiende. Daar ben ik zelf maar matig tevreden mee.

Die avond gaan we uit in Madrid, met een heel peloton wielrenners. Ik drink dermate veel dat ik er nog nauwelijks iets van weet: alleen dat Tom Boonen zijn net gewonnen regenboogtrui kwijtraakt in een discotheek. Als ik terugkom in het hotel ben ik laveloos.

11.

Ik heb een vader en een moeder, en een vader en een moeder, en een vader en een moeder. Mijn echte ouders én twee paar ouders die ik zelf als een soort pleegouders beschouw. De eerste zijn Kees en Karien – een gefortuneerd echtpaar dat in het Brabantse Luyksgestel woont. Het zijn wielerfans; ze struinen de koersen in de buurt af en ze vinden het leuk om renners die ze kennen een handje te helpen. Zo komt Dirk Bellemakers – een van mijn beste vrienden en prof bij verschillende Belgische ploegen – vaak bij hen over de vloer. Kees sponsort met zijn metaalbedrijf jarenlang een vrouwenploeg.

In de zomer van 2003 raakt mijn vader met Kees en Karien in gesprek bij een wielerkoers. Ze zeggen dat ik maar eens moet bellen als ik in Brabant moet koersen en een slaapplek nodig heb. Dat doe ik in augustus van dat jaar, bij het NK Tijdrijden voor beloften. Ik ben zelf nog een beetje terughoudend: zomaar ergens gaan slapen is dan nog niet heel normaal voor me. Maar ik voel me meteen op mijn gemak als ik bij Kees en Karien thuis ben. In de jaren erna word ik een soort zoon voor ze; Kees heeft al twee zoons uit een eerder huwelijk. Voor koersen en trainingskampen is Luyksgestel vaak een betere uitvalsbasis dan Dirkshorn. En in mijn appartement in Lanaken voel ik me soms eenzaam. Ik slaap vaak bij Kees en Karien, ik ontbijt met ze, ik lees een krantje, ik speel met de kleinkinderen en ik ga bij hen vandaan trainen. Ze volgen mijn carrière op de voet. Ze gaan vaak mee naar de koers, ze spellen de sportpagina's in de kranten om mijn naam te vinden en Kees poetst zelfs mijn fiets.

Misschien trek ik wel naar Kees en Karien toe omdat ik verander. Mijn omgeving verandert, en ik verander mee. Als ik het bij mijn ouders in Dirkshorn over geld en snelle auto's heb, voel ik dat ik praat over dingen die heel ver van hen af staan. Bij Kees en Karien is het logischer. Kees is extravert en hij houdt, net als ik, van sportwagens. Maar het is veel meer dan praten over auto's en uitsmijters eten omdat ik me alleen voel. Ze horen bij de liefste mensen die ik ken. Ze hebben me zo vaak uit de meest belachelijke situaties gered dat ik jaren later durf te zeggen dat ik er zonder Kees en Karien niet meer zou zijn geweest. Maar dat weet ik nog niet als ik ze net heb leren kennen.

In 2006 krijg ik er nog een paar ouders bij: meneer en mevrouw Cecchini. Luigi Cecchini is wielertrainer. Een van de beste van de wereld. In het verleden heeft hij Bjarne Riis, Jan Ullrich en Michele Bartoli getraind, en op dat moment heeft hij renners als Alessandro Petacchi en Tyler Hamilton onder zijn hoede. Na het WK van 2005 vlieg ik naar Pisa, samen met Jacques Hanegraaf, voor een eerste afspraak met hem. Jacques heeft het geregeld: hij kent Cecchini nog van zijn tijd als ploegmanager van Team Coast, waar Jan Ullrich kopman was.

Luigi Cecchini is een jaar of zestig. Hij ziet eruit als een Italiaanse edelman. Hij ademt klasse. Zijn haar is grijs en onberispelijk geknipt. Zijn kleding is minstens net zo onberispelijk: onopvallend, maar duur. Het brilletje dat hij draagt accentueert zijn autoriteit. Hij spreekt rustig, zonder zijn stem te verheffen. Dat hoeft ook niet. Als hij praat, dan is zijn gezelschap stil. Hij is geïnteresseerd in me. Hij heeft mijn uitslagen gezien, hij ziet in mijn ogen het vuur branden. Maar hij wil me alleen trainen als ik goed genoeg ben. Als mijn motor groot genoeg is. Cecchini traint alleen nog maar renners omdat hij het leuk vindt. Hij heeft geld als water: hij en zijn vrouw bezitten half Lucca. Voordat hij beslist of hij met mij in zee gaat, moet ik tests ondergaan. We rijden naar de Monte Serra, ten zuiden van Lucca. Ik moet ertegen omhoog rijden, zo hard mogelijk. Cecchini rijdt met een stopwatch achter me aan, in een Smart. Als ik boven ben krijg ik heel even de tijd om uit te hijgen: daarna volgt nog een vijfminutentest waarin hij mijn vermogen meet. Als hij de resultaten beoordeelt, fluit hij tussen zijn tanden. De oude meester is onder de indruk. Ik mag bij hem komen trainen. De prijs: 5000 euro per jaar. Maar ik heb tot op de dag van vandaag niet voor zijn diensten hoeven te betalen.

Bij Rabobank zijn ze niet bepaald blij met mijn keuze. Cecchini's imago is besmeurd: veel renners die hij trainde zijn in aanraking gekomen met doping en de Italiaanse autoriteiten hebben onderzoek gedaan naar zijn betrokkenheid bij het faciliteren van doping. Theo de Rooij vraagt me of ik geen andere trainer wil overwegen. Ik zeg: 'Nee.' En daarmee is de kous af. Als ik er in interviews naar word gevraagd, zeg ik dat Rabobank me niet kan verbieden mijn eigen trainer te kiezen. En als ze het wel doen, dat ik dan naar een andere ploeg ga. Het imago van Cecchini kan me geen reet schelen. Ik wil de beste trainer, punt uit. En doping is voor mij sowieso geen reden om wel of niet met iemand samen te werken. Het schrikt me niet af. Ik merk zelf trouwens niet veel van dat besmeurde imago van Cecchini. In alle jaren dat hij me traint stelt hij niet één keer voor om doping te gebruiken. Daarvoor heb ik inmiddels een ander adres.

Ik verhuis naar Italië. Op die manier kan ik op elke dag met Cecchini trainen. Soms fietst hij zelf mee, soms rijdt hij op een scooter voor me uit, soms in een auto achter me aan. In de eerste maanden van 2006 woon ik in Hotel Caesar in Lido di Camaiore. De eigenaar is een wielerliefhebber: ik krijg een kamer waar mijn spullen maandenlang kunnen blijven staan. Maar ik betaal alleen als ik er ben – vijftig euro per dag. De trainingen met 'Cecco' werpen hun vruchten af. Eind januari doen we een nieuwe test op de Monte Serra. Samen met Alessandro Petacchi en Tyler Hamilton rijden we naar de voet van de klim in Buti. Het is koud en er ligt sneeuw langs de kant van de weg. Ik ben gemotiveerd tot in mijn teennagels, ik benader het als een koers. Ik vlieg omhoog, ver voor Alessandro en Tyler uit. Ik ben boven in zestien en een halve minuut, met een gemiddelde van 493 Watt. 'Cecco' is onder de indruk; het is een van de snelste tijden die hij geklokt heeft – alleen Jan Ullrich en Francesco Casagrande zijn ooit sneller geweest. Hij staat te springen en hij ratelt Italiaanse zinnen waar ik geen touw aan vast kan knopen. Ik heb hem nog nooit zo enthousiast gezien.

Steeds vaker kom ik bij de Cecchini's thuis. Ik praat met Luigi over wielrennen, ik leer Italiaans spreken. Mevrouw Cecchini kookt voor me en noemt me al snel *nostro figlio olandese*. En met hun zoon, Stefano, heb ik vanaf het eerste moment een goede band. We gaan samen uit eten, we kijken samen voetbal, we gaan samen uit, we zuipen ons samen een stuk in onze kraag en we doen samen inkopen voor de kledingwinkel in het centrum van Lucca waarvan hij de eigenaar is. Onze smaak is hetzelfde: duur. Ik heb er geen enkel probleem mee om 600 euro uit te geven voor een kasjmieren trainingsbroek.

Het is niet voor niets dat ik overal families heb. Ik zoek gezelschap, ik kan niet zonder vaders en moeders. Het is soms alsof ik meerdere Thomassen ineen ben. Ik ben een arrogante, zelfbewuste man die met geld smijt, die weet wat hij wil en die Italiaans spreekt met de Italianen. Maar ik ben ook een onzeker jochie uit Dirkshorn dat heel ver weg van huis is. Iemand die niet weet wat hij met zichzelf aan moet als hij alleen is. Die nog nooit gekookt heeft. Die nog nooit boodschappen heeft gedaan. Die zijn koffer het liefste laat inpakken door zijn moeder en die zijn boterhammen laat smeren door zijn zusje. En die bij god niet weet hoe hij voor zichzelf moet zorgen.

12.

Het voorgerecht is net geserveerd. Mijn moeder en mijn vader zitten aan de ene kant van de tafel, Jacques Hanegraaf en ik ertegenover. Jacques heeft hen uitgenodigd om mee te gaan eten, in De Gouden Engel, een restaurant in Schagen. Eerst praat hij met ze over koetjes en kalfjes. Over het weer, over hun werk, over mijn laatste koersen. En dan, tussen twee happen door, legt hij het onderwerp op tafel. 'Ik wil het even ergens met jullie over hebben.' Hij zegt het achteloos, alsof hij het over een film heeft die hij gisterenavond zag, of over de nieuwe buurtsuper op de hoek. Hanegraaf zegt dat ik heel veel talent heb, en dat ik een geweldig eerste seizoen heb gereden, maar dat er méér voor nodig is om de top te halen. Hij vertelt dat alle toprenners een spel spelen voor grote mensen, en dat ik daar ook aan mee ga doen. Hij zegt: 'Iedereen doet het. Het hoort erbij.' Hij noemt het woord doping niet; in plaats daarvan omschrijft hij het elke keer cryptisch. Ik zeg niks. Ik wist al dat Jacques dit gaat zeggen tegen mijn ouders. We hebben er een paar weken eerder samen over gesproken. Hij zei dat het tijd was voor de volgende stap – en ik was niet moeilijk over te halen. Ik heb mijn ogen niet in mijn zak zitten, ik voel hoeveel harder het gaat in de grote wedstrijden. Er speelden andere dingen dan alleen hard trainen en op tijd naar bed gaan.

Ik ben steeds dichterbij gekomen, de afgelopen jaren. Ik wist dat het moment ging komen dat doping me zou worden aangeboden. En ik ben er niet voor teruggedeinsd. Het is stapje voor stapje gegaan: eerst een infuus met herstelmiddelen, daarna een injectie met cortisonen. En vlak voor dit etentje heb ik speed en xtc gebruikt op een technofeest in Gent, samen met Michael Boogerd en Steven de Jongh. Op die middelen kun je nat gaan bij een controle, maar er zijn in die periode toch nog geen out-of-competition-controles. De stap naar méér en échte doping is nog maar heel klein voor me. Bij de junioren en de amateurs dacht ik er nooit aan, maar bij mijn overstap naar de profs is het zaadje geplant. Het zaadje werd een stekje, en in mijn eerste profjaar groeide het uit tot een plant. Ik gaf 'm zelf water, de renners om me heen gaven 'm water. Het besef dat doping nodig was, is alsmaar toegenomen. Zonder doping was ik goed, maar niet goed genoeg. Want voor mij is het nooit genoeg. Het is als dansen met een mooi meisje: dat kan ik ook niet zonder over haar schouder te kijken of er niet nog ergens een mooier meisje in de discotheek is.

Terwijl Jacques praat, kijk ik naar het gezicht van mijn moeder. Ze fronst en perst haar lippen samen. De paniek druipt uit haar ogen. Als Jacques is uitgesproken, kijkt ze me aan. Ze ziet dat ik mijn keuze al lang en breed gemaakt heb. Als mijn ouders hadden gezegd dat ik geen doping zou mogen gebruiken, dan had ik ze uitgelachen. Mijn vader weet niet wat hij moet zeggen. Mijn moeder fluistert: 'Ik hoop dat het allemaal goed komt.'

Na het etentje stapt Jacques weer in zijn auto. De rekening laat hij voor ons liggen. De hele avond is achteraf nogal bizar. Het was alsof Jacques mijn ouders om toestemming vroeg. Alsof hij ergens besefte dat hij niet zomaar, zonder één mededeling vooraf, een renner van eenentwintig aan de dope kon helpen. Maar op het moment zelf vind ik het volkomen normaal. Ik denk dat Jacques het beste met me voor heeft. We willen hetzelfde: naar de top, zo snel mogelijk. Méér overwinningen, méér geld. Jacques breekt mijn contract met Rabobank open: mijn salaris gaat eindelijk omhoog, naar vier ton per jaar, exclusief premies. Tien procent daarvan – plus btw – is voor hem.

Zijn kip met de gouden eieren, dat ben ik.

13.

Jacques heeft verstand van doping. Hij weet wat er op de markt is; hij weet wat werkt en wat niet. En hij weet welke vorm van doping de kleinste pakkans met zich meebrengt: bloedzakken. Hij zegt tegen me dat de grote jongens in het peloton het al jaren doen – en dat hij er zelf als renner ook mee heeft geëxperimenteerd. Epo, CERA, Aranesp: het is allemaal min of meer opspoorbaar – maar je eigen bloed is je eigen bloed. Dat kan geen enkele dopingjager zien, volgens Jacques. Hij vertelt over Jan Ullrich, die in de Tour van 2003 bloedzakken gebruikte. Eerst probeert Jacques een Nederlandse arts te vinden die mijn bloed wil aftappen en invriezen, maar dat lukt niet. In Nederland worden bloedzakken allemaal gemarkeerd en geadministreerd – het is te moeilijk om ze achterover te drukken. En dus contact Jacques een oude bekende: Eufemiano Fuentes. Die hielp Jan Ullrich in de tijd dat hij bij Jacques in de ploeg reed ook aan bloedzakken. Inmiddels is Fuentes een bekende naam, maar begin 2006 weet alleen een select groepje mensen wat hij doet. Hij staat nooit ergens in de schijnwerpers. Hij doolt als een schim door de donkerte achter de façade van de sport.

Op 10 februari 2006 ontmoet ik Fuentes voor het eerst. Het is op de dag na de laatste rit van de Vuelta Mallorca. Rabobank heeft toevalligerwijs een vlucht naar Pisa voor me geboekt met een overstap in Madrid. Ik heb vier uur de tijd om over te stappen op Barajas – het vliegveld van Madrid. Mijn koffers worden doorgestuurd naar Pisa: ik loop met mijn handbagage door de douane. Ik hou een taxi aan en zeg de chauffeur de naam van het hotel waar ik heb afgesproken: het Diana TRYP Hotel, twee kilometer van het vliegveld vandaan.

Als ik de lobby van het hotel binnenkom, zitten Fuentes en Hanegraaf al op me te wachten. Ik loop op ze af, geef ze een hand en plof in een stoel. Ik bestel een cola light bij de serveerster. Fuentes ziet eruit als een doorsnee Spanjaard. Pantalonnetje, overhemdje, de haren netjes gekamd en bruine bordeelsluipers waarmee de etalages van alle schoenenwinkels in Madrid vol staan. Hij spreekt gebrekkig Engels. Een begroeting gaat nog wel, een gesprekje over koetjes en kalfjes lukt ook nog net, maar als hij uitlegt welke vormen van doping hij kan regelen, schakelt hij over in het Spaans. Dat spreek ik niet, maar Jacques wel. Ze spreken op kalme toon met elkaar; ik zit erbij en ik kijk ernaar. Af en toe vertaalt Jacques iets voor me.

Fuentes biedt allerlei vormen van doping aan. Je kunt bij hem terecht voor epo, groeihormonen en testosteron. Je kunt bij hem aankloppen voor uitgebreid geplande preparatie waarbij hij van dag tot dag en van week tot week beschrijft welke dope je wanneer moet nemen. Maar Jacques en ik zijn alleen geïnteresseerd in bloedzakken: de pakkans moet zo laag mogelijk zijn. Niet zelf klooien met spuiten dus, maar meteen de duurste, moeilijkste en minst opspoorbare manier van doping. Geen half werk, maar alles of niks. Het idee erachter is simpel: je tapt bloed af dat je vervolgens bewaart. Het lichaam merkt dat er te weinig bloed is en gaat in de dagen na de afname aan de slag om het verlies te compenseren. Dat betekent dat je je een dag of wat slapjes voelt, maar na een week of anderhalve week merk je er niets meer van. Als je het afgetapte bloed vervolgens weer terug in je aderen laat stromen, heb je méér bloed. En dus ook méér rode bloedlichaampjes. En méér rode bloedlichaampjes betekent méér zuurstoftransport. Daarmee zou je méér vermogen kunnen leveren en minder lang hoeven te herstellen tussen wedstrijden in. Voor het beste resultaat breng je het bloed weer in vlak vóór een belangrijke koers, of tíjdens een etappekoers. Het voordeel in een grote ronde is enorm: terwijl de bloedwaarden van je concurrenten langzaam dalen, kunnen de gebruikers van bloedzakken in de derde week bijtanken. Even een zak erin en je rijdt weer zo fris als een hoentje rond. In het verleden gebruikten renners soms het bloed van anderen, vaak van familieleden. Maar dat is in 2006 al enige tijd opspoorbaar: de dopingjagers kunnen dan zien dat er twee verschillende DNA-sporen in je bloedbaan circuleren. Zolang je je eigen bloed gebruikt, is er niets aan de hand: je kunt nu eenmaal geen verschil zien tussen je eigen bloed en je eigen bloed.

Fuentes biedt twee systemen aan: een kort en een lang systeem. Het korte houdt in dat je bloed laat aftappen en het maximaal een maand bewaart in een koelkast, op een temperatuur van een graad of vier. Bij het lange systeem vries je het afgetapte bloed in: dan kun je het járen bewaren. Het slimste is om bloed af te geven in de wintermaanden, als er toch geen koersen zijn. Maar daarvoor ben ik te laat: het seizoen is al begonnen en ik wil koste wat kost de Italiaanse etappekoers Tirreno-Adriatico winnen – die al in maart plaatsvindt.

Het plan is als volgt: ik geef vandaag voor de eerste keer bloed af. Eén zak, 450 milliliter. Dat gaat de koelkast in voor het korte systeem: over een paar weken, vlak voor Tirreno-Adriatico, krijg ik mijn bloed terug. Daarna nemen we bloed af dat de vriezer in gaat. Die zakken kan ik gebruiken in de komende Tour de France. De prijs voor een jaartje bloedzakken onderbrengen in de vriezer van Fuentes: 10.000 euro. In contanten. We spreken af dat ik dat later in het jaar betaal.

Terwijl Fuentes en Hanegraaf het plan doornemen, af en toe iets voor me vertalend, dwaal ik af en kijk ik een beetje om me heen. We zitten hier over bloedzakken te praten alsof het broodjes kaas zijn. Om ons heen lopen toeristen met rugzakken en zakenmensen met een telefoon aan hun oor. Ik kijk naar de kont van een mooie stewardess die op hoge hakken langsloopt. Ik weet dat we de boel flessen, maar zo voelt het niet. Het voelt eerder alsof ik nu bij een genootschap hoor waarvan iedereen weet dat het er is, maar waarvan niemand weet wáár zich dat bevindt en wíe er precies deel van uitmaken.

Als ik mijn cola heb opgedronken, staat Fuentes op. Hij wenkt me. 'Vamos, Thomas. Come, come,' en wijst naar boven. Ik sta op en volg hem naar de lift. Hij drukt op het knopje van de juiste verdieping. In de lift staan we ongemakkelijk zwijgend naast elkaar te kijken naar het lampje dat van nummer naar nummer springt. De lift stopt. Fuentes loopt eruit, de gang in. Bij de deur van een van de kamers stopt hij. Hij pakt een pasje uit zijn zak en steekt het in het slot. Hij stapt naar binnen. Ik aarzel één moment, kijk over mijn schouder of iemand me ziet. En stap daarna over de drempel.

In de kamer is het duizend kleuren donker.

14.

Ik zit in het vliegtuig. Ik heb mijn pet diep over mijn ogen getrokken. De simkaart heb ik al uit mijn telefoon gehaald: ik ben vandaag en morgen onbereikbaar. Vrijwel niemand weet waar ik naartoe onderweg ben. Mijn ouders niet, mijn zus niet, mijn ploeg niet. Alleen Jacques weet dat ik een afspraak heb met Eufemiano Fuentes.

Het is 4 maart, de zaterdag voor Tirreno-Adriatico. Een paar dagen terug heb ik Fuentes een berichtje gestuurd met een prepaid telefoon die ik speciaal heb gekocht om contact met hem op te nemen. Ik heb hem een berichtje gestuurd. Eén regel, meer niet. Een begroeting in het Engels, daarachter de tijd van mijn aankomst in Madrid en als afsluiting een nummer. Míjn nummer: 24. Ik druk op *send*. Een paar minuten later krijg ik een sms'je terug. Een bevestiging ('Ok') en de naam van het hotel waar we afspreken. Het is hetzelfde hotel als de vorige keer: het Diana TRYP Hotel, vlak bij het vliegveld. De procedure zal ook hetzelfde zijn, maar dan omgekeerd. Ik ga niet naar Madrid om bloed af te geven, maar om het terug te laten lopen in mijn lichaam.

Het vliegtuig is gevuld met vakantiegangers en zakenmensen. Voor me zitten twee vrouwen te praten over het weer in Toscane, naast me werkt een man in een pak op zijn laptop. Ik kijk door het raampje naar beneden en denk aan de bloedzak die voor me klaarligt in Madrid. Ik ben licht gespannen, maar ik voel dat alles onder controle is. Ik besef dat ik hier goed in ben. Ik denk na bij wat ik doe. Ik maak geen fouten. Ik sms niet met mijn eigen nummer, ik praat mijn mond niet voorbij. Ik vraag me af of ik in een ander leven een crimineel zou kunnen zijn. Het antwoord is eerder ja dan nee.

Het is al laat wanneer het vliegtuig op Barajas landt. Ik pak een taxi naar het hotel. Fuentes heeft me een sms gestuurd met het kamernummer. Ik loop door de lobby en de gangen van het hotel zonder iemand aan te kijken. Als ik bij de kamer aankom, klop ik op de deur. Fuentes doet open, ik stap naar binnen. Het is dezelfde soort kamer als de vorige keer. Donker, de gordijnen dicht, een glanzend overtrekje op het bed. We wisselen nauwelijks een woord. Er is geen klik tussen ons. Ik krijg niet het gevoel dat hij überhaupt geïnteresseerd is in wie ik ben of wat ik doe. Ik ben een nummer, meer niet. En ik ben niet de enige. Dat ik nummer 24 ben, zegt me genoeg: er zijn minstens 23 anderen.

Fuentes pakt een zak met bloed uit de rugzak die hij bij zich heeft. Hij laat de zak aan me zien en wijst op het nummer dat erop staat. 'Check this please,' zegt hij. Ik herken mijn nummer en mijn handschrift. Ik knik. Daarna haalt hij een schilderijtje van de muur, zo'n hotelschilderij met bloemen erop. Aan de vrijgekomen spijker hangt hij de bloedzak.

Ik trek mijn jas uit en ga op het bed liggen. Fuentes begint mijn arm schoon te maken met een watje met Betadine. Hij doet het uitgebreid en zegt dat het heel belangrijk is. Daarna prikt hij een naald in mijn onderarm. De naald is dikker dan ik gewend ben wanneer ik herstelmiddelen krijg toegediend. De dikte van de naald is om de rode bloedlichaampjes niet te beschadigen. Fuentes sluit een infuus aan op de zak en zet het kraantje open. Mijn arm begint te tintelen zodra het koude bloed naar binnen sijpelt. Het voelt als kippenvel, maar dan aan de binnenkant van mijn arm. Fuentes gaat op een stoel aan het bureau zitten.

Een kwartier later, als de zak is leeggelopen in mijn arm, staat hij op. Hij haalt de zak van de muur en bergt de naalden op in zijn tas. Hij trekt zijn jas aan, schudt me de hand en zegt: 'Hasta luego.' Ik blijf in de kamer; mijn vlucht terug naar Pisa vertrekt pas de volgende ochtend. Ik schop mijn schoenen uit en staar naar het plafond. Ik heb het koud en ik sta niet te juichen bij het idee om nog een nacht door te brengen in de kamer waar ik net iets heb gedaan waarvoor ik jarenlang geschorst kan worden. Ik probeer te ontspannen, maar dat lukt niet. Die nacht slaap ik slecht en onrustig. Ik ben blij als de morgen aanbreekt: ik vertrek zonder te ontbijten naar het vliegveld voor de terugvlucht naar Pisa.

In het vliegtuig komt de euforie. Ik heb het gedaan. Ik heb mezelf een cadeautje gegeven. Ik kan niet wachten om op mijn fiets te stappen; ik wil weten hoe het voelt. Iedere renner is nieuwsgierig hoe het is om met doping te fietsen, en ik ben driedubbel nieuwsgierig. Zodra ik thuis ben, pak ik mijn fiets. Ik voel het al voordat ik Lucca uit ben gereden. Ik heb power in mijn poten. Ik rij zo makkelijk dat ik er bang van word. Ik moet me inhouden om niet volle bak tegen elk klimmetje op te rijden. Ik fluister tegen mezelf: 'Rustig, rustig.'

De Tirreno begint op een woensdag. Op de ochtend voor de eerste rit is er een controle van de UCI. Mijn hematocriet wordt gemeten: 44,5 – niks aan de hand dus. Ik zit altijd rond die waarde. In de wedstrijd merk ik dat ik op elk bergje overschot heb. De eerste etappes overleef ik met gemak. Bij de ploeg zien ze dat ik goed ben; ik word uit de wind gehouden door renners als Michael Boogerd, Óscar Freire, Juan Antonio Flecha en Marc Wauters. In een rit met harde wind en regen blijft Wauters de hele dag bij me – zelfs als ik stop om te pissen. Hij haalt mijn regenjackie, hij helpt me het aan te trekken als ik ermee loop te klooien, hij loodst me door het peloton. Het doet me goed dat een renner als Wauters zich wegcijfert voor me. Ik voel me onoverwinnelijk. En nee, ik voel me niet schuldig. Ik maak mezelf wijs dat ik niets oneerlijks doe. Dat de rest het ook doet. Ik hou mezelf voor dat ik alleen maar heb gedaan wat nodig is om mee te kunnen doen met de grote jongens – niks meer, niks minder.

Twee dagen voor het einde is er een tijdrit. Er zijn nog dertien renners die kans maken op de eindzege; ik ben er één van. In de tijdrit rij ik alle concurrenten voor het klassement naar de vaantjes. Ik word derde achter Fabian Cancellara en Leif

Hoste, maar ik pak de leiderstrui. De laatste twee dagen rijden mijn ploeggenoten zich het snot voor de ogen om me veilig naar de finish te loodsen. Tot op het laatste moment worden we aangevallen, maar niemand komt weg. In San Benedetto del Tronto, de finish van de laatste etappe, ga ik met mijn armen omhoog over de streep. Ik heb de Tirreno gewonnen, vóór Jorg Jaksche en Alessandro Ballan. Jaksche zal me later vertellen dat hij er rondreed op twee bloedzakken die hij in de winter al had afgegeven.

Ik moet naar het podium. Naar de persconferentie. Ik moet handen schudden met burgemeesters en sponsoren. Mijn telefoon houdt niet op met rinkelen. Journalisten, familie, vrienden. 's Avonds dineren we met de ploeg – de ene fles champagne na de andere wordt ontkurkt.

Het is laat op de avond als ik de deur van mijn hotelkamer opendoe. Ik ga op de rand van het bed zitten en barst in huilen uit. Alles komt eruit. De blijdschap, de trainingsweken waarin ik mezelf afbeulde, maar ook de stress. De eenzame maanden in een Italiaans hotel, de reisjes naar Madrid, het geheim dat ik tegen niemand kan vertellen – het is allemaal even te veel voor me. Ik ben ineens weer gewoon een jochie van 21. Marc Wauters, mijn kamergenoot van die avond, komt naast me op het bed zitten. Hij slaat zijn arm om me heen. Ik voel me even heel, heel klein.

15.

Geloof ze niet, de renners die zeggen dat ze slechts één keer doping hebben gebruikt. Als je de drempel over bent, dan is er geen weg meer terug. Een beetje doping gebruiken, dat is als een beetje zwanger zijn. Doping is verslavend. Niet het middel op zich, maar het succes dat het met zich meebrengt. Ik ben niet verslaafd aan bloedzakken, ik ben verslaafd aan het gevoel van onoverwinnelijkheid dat tijdens de Tirreno door mijn aderen stroomde.

In de weken na Tirreno-Adriatico vlieg ik meerdere keren heen en weer naar Madrid. Dat is soms een logistieke nachtmerrie. Normaal regelt de ploeg de vliegtickets, maar deze vluchten boek ik zelf met mijn eigen creditcard – dat doe ik met een knoop in mijn maag, omdat ik weet dat het traceerbaar is mocht het netwerk van Fuentes ooit worden opgerold. Ik moet planningen maken. Ik meld me met een smoes af bij de ploeg voor het Criterium International. Ik moet namelijk weer bloed afgeven.

Op 19 maart 2006 geef ik een zak bloed af in Madrid. Die krijg ik nog geen twee weken later terug in mijn lichaam, op 30 maart, vlak voor de Ronde van het Baskenland, in het TRYP

Hotel. Het gaat hetzelfde als de keer ervoor: arm schoonmaken, zak aan een spijker, kippenvel aan de binnenkant van mijn arm. Als we klaar zijn, zegt Fuentes tegen me: 'Stay in this room.' Hij maakt me duidelijk dat er meer klanten van hem zijn vandaag. En hij wil niet dat we elkaar tegen het lijf lopen. Maar ik ben nieuwsgierig. Zo gauw Fuentes de kamer uit loopt, ga ik op het balkonnetje zitten. Ik kan vanaf daar naar beneden kijken en heb zicht op de ingang van het hotel. Ik kijk naar de zakenmensen en de vakantiegangers. Ik zie niemand die ik ken. Maar net als ik weer naar binnen wil gaan, zie ik een bekend gezicht, een blonde jongen die snel loopt. Het is Remmert Wielinga, mijn ploeggenoot bij Rabobank. Ook een goede tijdrijder, ook een goede klimmer, en ook hij wordt begeleid door Jacques Hanegraaf.

In de Ronde van het Baskenland, een paar dagen later, probeer ik er een gesprek over te beginnen met Remmert. Remmert is een beetje een rare. Goeie renner, maar sociaal niet altijd even handig. En ik ken hem niet genoeg om zomaar over Fuentes te beginnen. Ik vraag hem: 'En? Ben je goed? Ben je écht héél goed?' Hij knikt en zegt: 'Ja, ik ben heel goed.' Ik zeg: 'Ik ook.'

Maar die ene extra bloedzak in mijn aders volstaat niet om mee te doen met de besten in de Ronde van het Baskenland. Er wordt zo hard gereden dat ik er soms van in de lach schiet. Ik was er al door andere renners voor gewaarschuwd vóór de wedstrijd: in het peloton wordt 'Baskenland' een brommerkoers genoemd, omdat het soms is alsof de renners van Spaanse ploegen er de hele dag vijftig rijden zonder moe te worden. In een van de etappes zit ik bergop af te zien, met het melkzuur tot in mijn oorlelletjes, als Riccardo Riccò en Ángel Gómez Marchante doodleuk stoppen om te pissen. Mijn conclusie: als ik in Baskenland mee wil doen, dan moet ik het nog beter regelen met de dope.

Na de voorjaarsklassiekers, waarin ik op kop rij voor Boogerd en Freire om ze terug te betalen voor hun werk in de Tirreno, vlieg ik vlak na elkaar twee keer naar Madrid om bloed af te geven – op 26 april en 10 mei. Die bedoeling: een voorraadje maken voor de Tour de France met zakken die met het lange systeem worden behandeld. Ik ga cadeautjes voor mezelf laten invriezen.

Die 26ste april is drie dagen na Luik-Bastenaken-Luik. Ik vlieg naar Madrid. Wanneer ik aankom op het vliegveld van Madrid, staat Fuentes me al op te wachten. We lopen samen naar zijn auto. We gaan niet naar het TRYP Hotel deze keer. In plaats daarvan rijden we naar een appartement ergens in Madrid. Het is van zijn ouders, zegt hij. Die zijn er niet. En het appartement ziet er ook niet uit alsof het vaak wordt gebruikt. Zodra we binnen zijn, pak ik een envelop uit mijn binnenzak. Er zit 10.000 euro in. Dat heb ik een paar dagen eerder afgehaald bij de Rabobank in Tuitjenhorn. Fuentes maakt een afwerend gebaar. 'No, no, later, later,' zegt hij. Maar ik wil ervanaf. Het liefst zo snel mogelijk. Dus stop ik hem de envelop in de handen. Achteraf was dat niet zo slim, maar toen wist ik nog niet dat de Spaanse politie Fuentes al maanden op het spoor was. Fuentes zegt tegen me dat ik moet gaan zitten, in een oude, bruinleren stoel. Hij tapt twee zakken bloed af. Daarna brengt hij me terug naar het vliegveld.

Op 10 mei vlieg ik weer terug naar Madrid. Dit keer staat Fuentes me niet op te wachten, maar een hulpje van hem. Hij stelt zich voor als Alberto Leon. Hij vertelt dat Fuentes er zelf niet is; hij valt voor hem in vandaag. Het is een vriendelijke jongen. In de auto praten we met handen en voeten over onbelangrijke dingen. Hij is van plan om bloed af te nemen in een hotel, maar er is een grote conventie bezig in Madrid. We rijden van hotel naar hotel – ze zitten allemaal vol. We rijden urenlang rondjes door Madrid in zijn autootje. Uiteindelijk geeft hij het op; we rijden naar het stadje waar hij vandaan komt, San Lorenzo de Escorial, een kilometer of vijftig boven Madrid. Daar checken we in bij een klein hotelletje. Alberto Leon tapt een zak bloed af, daarna vertrekt hij.

Ik eet 's avonds wat in het stadje. Alleen. Ik voel me verloren. Iemand bellen kan niet, want mijn simkaart moet uit mijn telefoon blijven. Ik slaap in het hotelletje, de volgende morgen word ik naar het vliegveld gebracht door de broer van Alberto Leon. Een man in een pak, op weg naar zijn werk in Madrid. We staan samen in de ochtendspits en luisteren naar de Spaanse radio. Ik besef hoe anders onze levens zijn. Ik probeer me voor te stellen hoe het is om elke dag naar je werk te gaan en elke morgen met een klein autootje aan te schuiven in de file. Het lukt me niet.

Eenmaal terug in Italië begin ik aan een trainingsblok van enkele weken om me klaar te stomen voor de Tour de France. Soms train ik alleen, soms met anderen. Er wonen veel renners in de buurt. Ik fiets veel met Jörg Jaksche, die bij Liberty Seguros rijdt. Hoe meer we samen fietsen, hoe meer we elkaar vertellen. Hij moet vaak om me lachen. Hij zegt: 'Andere renners doen er moeilijk en geheimzinnig over, jij schept op over hoeveel dope je gebruikt.'

Als de Giro d'Italia van dat jaar aankomt in Lido di Camaiore, fietsen we er samen heen om te kijken. Na de etappe rijden we naar een rennershotel vlakbij. CSC zit er, de vorige ploeg van Jaksche. We praten er met wat mensen die hij kent, we hangen rond op de parkeerplaats buiten bij het hotel. Plotseling komt er een klein huurautootje aanrijden. De chauffeur parkeert de auto en stapt met een rugzak uit de auto. Het is Alberto Leon, het hulpje van Fuentes. Hij loopt naar binnen zonder iemand aan te kijken. Als we weg rijden van de parkeerplaats, vertelt Jaksche me dat Alberto Leon een bijnaam heeft: Ali Baba.

16.

Het gebeurt op een dinsdagavond, op 23 mei 2006. Ik zit in een restaurant in Lucca te eten met een andere renner die bij Fuentes komt. Ik noem zijn naam niet omdat ik vind dat hij het zelf moet bekennen. Hij krijgt een telefoontje. Jörg Jaksche hangt aan de andere kant van de telefoon. Hij is op trainingskamp met zijn ploeg. Hij belt niet voor de gezelligheid: hij brengt slecht nieuws. Het gezicht van de renner tegenover me aan tafel verstrakt. Ik zie hem breken. Daarna begint hij te huilen. 'Ze hebben het ontdekt, Thomas. Fuentes is opgepakt,' zegt hij tussen twee huilbuien door. Zijn ogen schieten alle kanten op, hij is bang om gepakt te worden. Ik niet. Ik denk aan de drie bloedzakken die in de vriezer liggen. En hoe ik die terug kan krijgen. Pas als ik besef dat ze in handen zijn van de Spaanse politie, begin ik te vloeken. Al die moeite, al die stress en al die vliegtripjes van de laatste weken – het is voor niets geweest.

Pas na de woede en de frustratie komt de angst. Ik ben bang dat ik gefilmd of gefotografeerd ben. Of dat mijn naam ergens opduikt. Die avond vertel ik aan mijn ouders, die bij me in Lucca met vakantie zijn, dat er bloed van mij in de diepvries van Fuentes lag toen de politie er binnenviel. Mijn vader schudt zijn hoofd, mijn moeder slaat een hand voor haar mond. Ik bel Jacques Hanegraaf. Hij zegt dat ik niets moet doen. Stilzitten en mijn mond houden, dat is de strategie.

En dus doe ik alsof er niets is gebeurd. Mijn vader smijt het prepaid telefoontje waarmee ik contact had met Fuentes in het water van de haven van Viareggio. Ik probeer me te concentreren op mijn trainingen. Maar dat lukt voor geen meter. In de dagen en weken na de politie-invallen lekt steeds meer informatie uit. Er komen geruchten en namen naar buiten. Van ploegen, van managers, van renners. Jan Ullrich, Ivan Basso, een pelotonnetje Spanjaarden. Ook de naam van Jörg Jaksche valt. Ik zie documenten uit het politiedossier van Puerto in de krant en op internet waarop mijn nummer 24 staat, samen met de data waarop ik bloed heb afgegeven. Ik zie dat Fuentes me een bijnaam heeft gegeven: Clasicomano Luigi. Ik ben voor hem de klassiekerman van Luigi Cecchini. In een afgeluisterd gesprek met een van zijn handlangers heeft hij het over mij als 'de spion van de Italiaan van ver'.

Ik verwacht elk moment een telefoontje te krijgen met het nieuws dat ook mijn naam boven water is gekomen. De onzekerheid knaagt aan me. Ik slaap er slecht van, ik heb een knoop in mijn maag. Met wielrennen ben ik nauwelijks bezig. Begin juni moet ik de Dauphiné Libéré rijden. Ik bak er niks van. Ik sleep me door de etappes heen en aan tafel ben ik stil. Ik kan met niemand over mijn gedachten en mijn angsten praten. Dat trek ik slecht. Ik ben niet goed in dingen opkroppen. De ploegleiding lijkt niet bijster geïnteresseerd in me: niemand vraagt me wat er met me is. Op het NK, eind juni, rij ik ook geen deuk in een pakje boter. Ik laat mijn bloed testen in Amstelveen. Daaruit blijkt dat ik bloedarmoede heb. Dat was ook niet zo vreemd: ik heb drie bloedzakken afgegeven, ik heb hard getraind en ik word opgegeten door de stress. De ploegleiding besluit om me niet naar de Tour te sturen. Ik accepteer de beslissing zonder te protesteren; het is eerlijk gezegd een opluchting. Zeker als er nog meer namen van klanten van Fuentes naar buiten komen en de Tourdirectie besluit sommige renners en ploegen te verbieden om te starten. Pas als de Tour begint, durf ik weer adem te halen. De focus verschuift langzaam maar zeker van de dopingaffaires naar de koers zelf.

In die periode leer ik Linda kennen. Ze is een vriendin van mijn goede vriend Dirk Bellemakers, met wie ze op een vrijdagavond in een restaurant in Bergeijk zit te eten. Zodra ik haar zie, ben ik mijn zorgen vergeten: ik ben op slag verliefd. Ze is mooi, ze is blond, ze is slim. Ik vraag Dirk haar nummer – nog diezelfde avond stuur ik haar een sms'je. In de dagen erna sms'en we met elkaar – steeds meer en meer. Ik heb vlinders in mijn buik bij elke keer dat mijn telefoon piept. We spreken met elkaar af; we gaan een hapje eten. Ik probeer mijn allercharmantste zelf te zijn. Ik heb geluk: ze is ook verliefd op mij. We zoenen, we krijgen verkering. Op een warme, klamme zomeravond gaan we voor het eerst met elkaar naar bed. Ik heb voor het eerst in mijn leven een vriendin. We zien elkaar zo vaak mogelijk. In Nederland, en anders in Italië. Tijdens het seizoen vliegt ze naar Italië als ik een weekend niet hoef te koersen – dan haal ik haar op in Pisa en eten we een ijsje bij de McDonalds op het vliegveld. Aanvankelijk slapen we in het appartement van Stefano en zijn vriendin, later koop ik zelf een appartement in Lucca. Voor Linda zijn haar tripjes naar Italië een soort mini-vakanties. We slapen uit, we ontbijten in een barretje, we wandelen door de stad, we shoppen, we gaan naar het strand en op zondagavond eten we pizza bij de familie Cecchini. We kunnen urenlang met elkaar praten. Het is zo relaxed. Zo onschuldig. Linda en ik, we zijn zomaar twee jonge mensen die verliefd op elkaar zijn. Maar hoe mooi en hoe leuk ik haar ook vind: trouw blijven lukt me niet. De verleiding van andere vrouwen blijft te groot. Het is net als met wedstrijden winnen: ik wil altijd méér.

De angst dat ik word ontmaskerd als klant van Fuentes slijt bétje bij beetje. De stress verdwijnt uit mijn lichaam. De hele situatie had een waarschuwing voor me moeten zijn, een les waaruit ik iets had kunnen leren. Maar dat is het niet. De eerzucht en de honger naar snel succes winnen het van de angst om gepakt te worden. Als ik al iets heb geleerd, dan is het dat ik er nog mee weg kom ook. Mijn gevoel van onaantastbaarheid wordt er alleen maar sterker van. En dus ga ik door met de waanzin.

In augustus, tijdens de Eneco Tour waarin ik negende word, besluit ik op zoek te gaan naar andere doping. Als mijn bloedzakken in beslag zijn genomen door de Spaanse politie, dan doe ik het maar op een minder sophisticated manier. Ik wil epo hebben. Ik informeer ernaar bij de ploegartsen van Rabobank, Geert Leinders en Jean-Paul van Mantgem. Van Mantgem zegt dat hij me wil helpen. Met hem heb ik een goede band. Hij is grappig, hij is slim en hij snapt me. Anders dan Jacques Hanegraaf of Eufemiano Fuentes verdient hij er niet direct aan om me aan doping te helpen: voor hem is het een manier om te controleren wat ik doe. Hij weet dat ik het ergens anders ga zoeken als hij me er niet aan helpt. Hij maakt een schema voor me in de aanloop naar de Ronde van Polen, op een klein wit briefje uit een blocnote. Tweeduizend eenheden, elke avond en elke ochtend, vijf dagen lang. Een week voor de koers moet ik stoppen met gebruiken. En dan drie, vier dagen voor de koers nog één keer tweeduizend eenheden.

Ik koop de epo in Aken, bij een apotheek die Barbarossa heet. Van ploeggenoten en trainingsmakkers weet ik dat ze daar niet moeilijk doen over voorgeschreven recepten. Het is als voor de eerste keer condooms kopen: ik adem een keer diep in, loop naar binnen en zeg zo achteloos mogelijk wat ik wil hebben. De vrouw achter de balie kijkt er niet van op; ik leid eruit af dat ik bepaald niet de enige ben die epo komt kopen. Ik reken contant 400 euro af en ga naar huis met een setje ampullen en een paar spuiten. Daar haal ik alles uit de verpakking, trek ik een spuitje vol met epo en injecteer mezelf in een ader in mijn arm. Ik weet hoe het moet: herstelinfusen kan ik inmiddels ook redelijk goed zelf aanleggen. Ik druk de inhoud van de spuit in mijn ader en besef dat ik weer een grens ben overgegaan. Het doet me niets.

Voordat ik afreis naar Polen, laat ik mijn bloed controleren in het ziekenhuis in Amstelveen. Ik kan er terecht via Van Mantgem; hij werkt er als hij niet voor de ploeg aan de slag is. De controle is een vangnet, een extra check om te kijken of mijn hematocriet- en hemoglobineniveaus niet te hoog zijn. Met een hematocriet van boven de 50 zou ik niet mogen starten als de UCI me toevallig zou controleren – en dat moeten we zien te voorkomen. Maar er is geen reden voor ongerustheid: uit de controle blijkt dat mijn hematocriet 48,3 is, mijn hemoglobinegehalte is 15,8. Ik stuur een sms in code, zoals afgesproken, naar Van Mantgem: dat ik hartslag 158 had bij de training van die dag.

Met opgespoten bloedwaarden denk ik te gaan vliegen in de Ronde van Polen. Dat doe ik ook. In de derde etappe steekt er een hond over, precies voor mijn voorwiel. Ik klap er vol op, sla over de kop en steek mijn armen uit om mezelf op te vangen. Ik voel mijn hand breken als ik het asfalt raak.

Mijn seizoen is in één klap voorbij.

17.

We vliegen hoog, zo dicht bij de zon dat de vleugels van het vliegtuig lijken te smelten. Als ik uit het raampje kijk, zie ik niets dan oceaan beneden ons. Michael Boogerd zit naast me. We zijn op weg naar Curaçao om er vakantie te vieren op kosten van Amstel Bier. Ik stoot Michael aan. Ik móet het hem vertellen. 'Die Fuentes hè,' fluister ik, 'daar was ik ook klant.' Michael zegt: 'O ja, joh.' Daarna neemt hij nog een slok van zijn drankje. Hij is niet verrast.

Michael en ik trekken meer en meer naar elkaar toe. We trainen met elkaar, we drinken met elkaar, we gaan samen naar louche clubs tijdens trainingskampen, we zijn kopmannen van dezelfde ploeg. Mijn contract met Rabobank is nog maar eens opgewaardeerd en verlengd: in de seizoenen 2007 en 2008 ga ik acht ton per jaar verdienen. Op advies van Jacques Hanegraaf verhuis ik naar Monaco – daar betaal ik nauwelijks belasting. Ik deel er een appartement met de Australische sprinter Baden Cooke, maar heel vaak ben ik er niet.

Het seizoen 2007 wordt mijn derde profjaar. Binnen de ploeg ben ik de status van talent allang voorbij, ook al omdat ik mezelf niet meer zo zie. De ploeg verwacht hetzelfde als ik:

dat ik wedstrijden win. In februari rijden we de Ronde van Mallorca – voorafgaand hebben we er een trainingskamp. Zes dagen voordat ik moet koersen koop ik samen met ploeggenoot Max van Heeswijk testosteronpleisters in een apotheek. Op zijn aanraden knip ik de pleisters open en smeer ik de gel erin over mijn lichaam uit – dan neemt het beter op. De avond voor de koers gebruiken we samen ghb. Max heeft het meegenomen van huis in een paar kleine shampooflesjes – van die ieniemieniedingen die je op hotelkamers vindt. We mengen de ghb na het eten met een beetje frisdrank en drinken het op. Daarna zwalk ik nog een tijdje als een verliefde hippie door het hotel. Ik voel me heel lekker. Zodra ik op mijn bed plof, ga ik knock-out. 's Morgens word ik wakker met mijn kleren nog aan. Ik wrijf in mijn ogen, slof naar het ontbijt en trek daarna mijn fietskloffie aan. Een paar uur later ga ik met mijn handen omhoog over de finish: ik win de koninginnerit van de Ronde van Mallorca. Ik ben blij, totdat ik me realiseer dat de winnaar naar de dopingcontrole moet. Ik weet dat de testosteron vijf dagen opspoorbaar is, en de ghb slechts vier uur, maar voor de zekerheid ga ik eerst nog even langs de kant van de weg pissen voordat ik naar de controle moet. Dan duurt het nog wat langer voordat ze mijn urine in een potje hebben. Uiteindelijk moet de dopingcontroleur met me mee terug naar het hotel; pas uren later kan ik pissen. Ik hoor er nooit meer wat van.

In de maanden erna loopt het stroef. Voor de Ronde van het Baskenland koop ik epo bij een apotheek net buiten Lucca –

onder de toonbank. Het spul slaat niet aan. Via Van Mantgem heb ik een apparaatje gekocht om mijn hematocriet zelf te kunnen meten. Alle grote jongens in de ploeg hebben er eentje. Op de meter zie ik dat mijn hematocriet niet stijgt, ondanks de epo-kuur. Dat heb je soms. Een lichaam is geen machine: het reageert niet altijd zoals je wilt. Als ik het vertel aan Michael moet hij heel hard lachen. En tot overmaat van ramp krijg ik in Baskenland last van mijn heup. Er zit frictie in mijn heupkom, het doet pijn, zeker als ik diep in de beugel zit. In de weken erna moet mijn heup bijna dagelijks worden losgemaakt. Het enige voordeel dat kleeft aan mijn heupproblemen is dat we geen smoes hoeven te verzinnen om cortisonen te gebruiken: ik kan een attest aanvragen voor een écht probleem. In de voorjaarsklassiekers krijg ik een aantal cortisonenspuiten van de ploegartsen. Elk attest komt in mijn gezondheidsboekje – dat moet je meenemen naar dopingcontroles. Als ik zit te wachten kijk ik weleens naar de boekjes van andere renners. Die zijn soms zo dik als het boek van Sinterklaas.

Pas in de Ronde van Romandië, begin mei, begint het te draaien. Misschien slaat de epo van twee weken ervoor eindelijk aan, misschien simpelweg omdat ik in vorm raak. Het is de hele week slecht weer, maar dat doet me weinig. In de voorlaatste bergetappe word ik tweede achter Igor Antón. En de afsluitende tijdrit win ik, net als het eindklassement, vóór Paolo Savoldelli, Andrey Kashechkin, Cadel Evans en Chris Horner. Het voelt anders dan mijn overwinning in Tirreno-Adriatico. Dat was een doorbraak, dit is slechts een bevestiging, een tussenstop op weg naar een hoger doel. Dat doel is de Tour de France. Ik neem nauwelijks de tijd om te genieten van mijn overwinning in Romandië. Na afloop rij ik met Kees, Karien en Linda, die zijn komen kijken, vanuit Zwitserland terug naar Luyksgestel – met 220 per uur door de nacht. De boetes neem ik voor lief.

De route naar de Tour loopt via de Ronde van Luxemburg, de Ronde van Zwitserland en het NK. Maar mijn heup werkt niet mee. Luxemburg moet ik schrappen en ik heb tijdens lange trainingen zoveel last dat ik niets verwacht van de Ronde van Zwitserland. Ik gooi er wel een paar spuiten epo in – al was het maar om mezelf een beetje hoop te geven. De dag voordat ik naar Zwitserland vertrek, ga ik in Lucca op stap met Tyler Hamilton – die een paar straten verderop woont. Hij is een van de aardigste renners die ik ken. Warm, vriendelijk, zacht ook. Maar het gaat niet goed met hem. Hij heeft een dopingschorsing achter de rug en daarna heeft hij niet meer het niveau van ervoor. Hij is mentaal geknakt. Zijn ploeg, Tinkoff, heeft hem gepasseerd voor de Giro d'Italia waar hij maanden voor trainde. We drinken die avond wijn, veel te veel wijn. Tyler vertelt over zijn tijd bij US Postal. Over Lance. Over Michele Ferrari. Over bloedzakken. Over de wereld vol leugens waar ik ook deel van uitmaak. De avond eindigt als de zon alweer opkomt. Tyler rijdt me naar het vliegveld.

In de Ronde van Zwitserland rijd ik de eerste etappes zonder veel moraal in de rondte. Maar na een paar dagen kom ik er doorheen. In rit vijf, een ingekorte bergetappe naar het skioord Crans Montana, rijdt mijn ploeggenoot Jan Boven me naar voren voordat de slotklim begint. Eerlijk gezegd hoeft dat van mij niet: als hij voor me werkt kan ik het niet maken om me bij de eerste de beste versnelling te laten lossen. En dus blijf ik eraan hangen. Ik denk: ik los straks wel. Als het nog vijf kilometer te gaan is. En anders bij het bord van vier kilometer. Maar bij vier hang ik er nog steeds aan. Bij drie ook. Met nog twee kilometer te gaan besluit ik te lossen bij het rode vod. Maar als we daar aankomen, zijn we nog maar met een paar renners over. Bij een verkeerseiland zie ik een kans om te demarreren. Ik versnel en hark met mijn tong uit mijn mond een paar honderd meter door. Wanneer ik omkijk, zie ik de rest niet meer. Ik juich als een albatros – met twee armen wijd. Als ik op het podium sta, komt Jan Boven binnen. Ik zwaai naar hem. Roep: 'Hé Jan, ik heb gewonnen.' Hij schudt zijn hoofd in ongeloof.

Op de voorlaatste dag van de Ronde van Zwitserland is er een dopingcontrole. Mijn hematocriet is 41,5. Helemaal niet zo hoog, maar er is iets anders dat problemen geeft: het gehalte aan jonge rode bloedlichaampjes in mijn bloed is nogal laag. Dat komt doordat ik epo heb gespoten – dan maakt je lichaam zelf minder bloedlichaampjes aan. Voor de UCI kan het een reden zijn om me meer in de gaten te houden. Ik baal ervan. Maar het weerhoudt me niet om ermee door te gaan.

In het peloton gaat het gerucht dat er een nieuw epo-product op de markt is. Het heet dynepo: het werkt beter dan gewone epo en het is moeilijker opspoorbaar omdat het via een lichaamseigen eiwithormoon de aanmaak van rode bloedlichaampjes stimuleert. Ik heb het erover met Michael Boogerd: die heeft er ook wel oren naar. Hij gaat op zoek en is er al snel achter waar hij dynepo kan kopen: via een Sloveense atleet die Boštjan Buč heet. Michael slaat een voorraadje in; de dynepo wordt gekoeld naar zijn huis gestuurd. Ik koop wat van Michaels voorraad. Ik gebruik twee keer 8000 eenheden – op de maandag en dinsdag na het Nederlands Kampioenschap.

Ik ben klaar voor de Tour.

18.

Mijn eerste Tour is Michaels laatste Tour. Achteraf blijkt het ook mijn laatste Tour, maar dat weet ik dan nog niet. We liggen bij elkaar op de kamer. Tien jaar nadat ik op een campingtelevisie naar Michael keek, lig ik drie weken lang in een bed naast dat van mijn jeugdidool. We ouwehoeren de hele dag met elkaar. Michael vertelt me dat hij de laatste paar jaar bloedzakken gebruikte. Eerst via een Weense kliniek die Humanplasma heette – onze ploeggenoten Michael Rasmussen en Denis Mensjov kwamen er ook. Toen dat netwerk werd opgerold, stapten de twee Michaels over naar een Oostenrijkse atletenmanager die Stefan Matschiner heet. Die heeft simpelweg de inboedel van Humanplasma overgekocht en een cursusje bloed prikken gedaan.

In de Tour van 2007 gebruikt Boogerd, bij mijn weten, geen bloedzakken. We gebruiken allebei Dynepo uit Slovenië. Acht keer zetten Michael en ik in de Tour een spuitje met 2000 eenheden. Bang om gepakt te worden ben ik niet; Dynepo is volgens Michael onvindbaar, en ik geloof het. We gebruiken ook om de dag cortisonen. De productnaam is Diprofos. Daar hadden we een medisch attest voor. Ik zou niet eens meer weten waarvoor: het is een wassen neus. Met de cortisonen kunnen we dieper gaan in de wedstrijd. En bovendien word je er lekker mager van: ik ben 68 kilo bij 1 meter 88 – zo dun ben ik later nooit meer geweest.

De start is in Londen. We zijn er al een kleine week van tevoren. Op de donderdag voor de Tour is er een controle van de UCI. Mijn hematocriet is 45, dat van Michael 50. Hij zit op het randje van het randje. Hij is een risico; één puntje hoger en hij valt door de mand bij een dopingcontrole. De artsen van de ploeg stellen voor om elke morgen om zes uur, vóórdat de controleurs kunnen aankloppen, een infuus met water in zijn lichaam te laten lopen. Daar zakt je hematocriet twee à drie punten van. 'Goed plan,' zegt Michael. Diezelfde avond zitten we ons op de kamer te vervelen. We hebben samen een fles wijn opengetrokken, maar dat is niet genoeg vermaak. Drank is leuk, maar vrouwen zijn leuker. En dus ga ik het internet op om een paar escorts te zoeken. Om één uur 's nachts staan er een paar Oost-Europese hoeren voor de deur van onze kamer. Michael en ik zijn een beetje teleurgesteld: ze zijn een stuk minder mooi dan op de foto's van de site. Heel erg glamoureus is het niet, midden in de nacht op een kleine hotelkamer. We kiezen er allebei een uit. Om een uur of drie gaan we slapen. Drie uur later gaat de wekker alweer: Michael moet een baxter met water in zijn lichaam laten lopen. De eerste paar dagen legt Van Mantgem het infuus aan bij Michael, daarna zegt hij dat hij het zelf ook wel kan. In het begin word ik wakker van de wekker, maar na een paar dagen begint het al te wennen.

Om zes uur gaat Michael aan de slag met baxters vol water, ik draai me nog een keer om. Als er zoiets bestaat als een normaal leven, dan zijn we er compleet van losgeslagen.

We hebben in de Tour van 2007 een ploeg die een van de beste van het peloton is. Behalve Boogerd zijn mijn ploeggenoten Michael Rasmussen, Denis Mensjov, Óscar Freire, Pieter Weening, Juan Antonio Flecha, Grischa Niermann en Bram de Groot. Bij de ploegbespreking voor de start zegt Rasmussen dat hij de Tour wil winnen. Daar moeten we een beetje om lachen. Ik denk dat het grootspraak is – dat hij het zegt zodat hij niet voor anderen hoeft te werken. We weten dan nog niet dat hij heeft gelogen over zijn whereabouts, en ook niet dat hij tot zijn nek toe vol zit met dope – al vermoeden we dat wel. We weten trouwens ook nog niet dat hij van de ploegartsen spuitjes Dynepo uit onze voorraad krijgt: dat horen we pas ver ná de Tour. Rasmussen is zo mager dat we door hem heen kunnen kijken. Áls hij al iets eet, dan is het een rijstwafel met niks erop. In een van de eerste vlakke ritten zit hij achter me als de boel op de kant gaat. Hij roept naar me dat ik een meter uit de kant moet gaan rijden, zodat hij achter me kan schuilen en energie kan sparen. Ik vind het eerlijk gezegd nogal potsierlijk. Heel even heb ik de neiging om 'Flikker op' tegen hem te roepen. Maar omdat ik toch met twee vingers in mijn neus rondpeddel, doe ik het wel voor hem.

Rasmussen blijkt gelijk te hebben; hij ís heel goed. In de eerste echte bergetappe van de Tour valt hij op zestig kilometer van de aankomst al aan. Hij vertrekt als een komeet. We zien hem pas terug na de finish in Tignes, in de gele trui. 's Avonds is de sfeer aan tafel geweldig. Er is champagne voor iedereen – Rasmussen zelf nipt alleen wat – en de ploegleiding blijft flessen wijn bestellen. Vanaf die dag rijden we voor Rasmussen. Hij houdt stand in de tijdrit, en in de volgende bergritten pakt hij nog meer tijd op zijn concurrenten Alberto Contador, Cadel Evans en Carlos Sastre. We beginnen te geloven dat die rare Deen de Tour kan winnen. Er worden renners van andere ploegen op doping betrapt; Aleksandr Vinokoerov en Christian Moreni verdwijnen via de achterdeur uit de Tour. Maar bij ons aan tafel gaat het niet over doping. Ook niet als er verhalen in de media verschijnen dat Rasmussen gelogen heeft dat hij in Mexico was vóór de Tour. We vragen Rasmussen er niet naar. Eigenlijk hebben we wel respect voor hem. Hij heeft het slim gedaan, vinden Boogerd en ik. Hij heeft een systeem voor zichzelf bedacht en blijkbaar werkt het, want hij rijdt in de gele trui. Simpel zat. Doping is overal. In onze ploeg, in andere ploegen. Dynepo, cortisonen, bloedzakken, baxters met water en slaappillen – als je overal om je heen absurditeit ziet, ga je op den duur denken dat het normaal is.

De laatste bergetappe van dat jaar voert naar de top van de Aubisque. Het is de belangrijkste dag van de Tour: we moeten de voorsprong van Rasmussen over de Pyreneeën tillen. De rit begint vreemd; het gonst van de dopinggeruchten. Rasmussen ligt onder vuur, Astana gaat niet meer van start, een paar Franse en Duitse ploegen staken omdat ze zeggen dat ze het zat zijn dat dopinggebruikers hun sport vermoorden. Het gaat langs me heen. Ik zie de impact er niet van; ik ben bezig met de koers. De rit begint rustig, maar hoe meer cols we over trekken, hoe meer we worden aangevallen. We moeten vol aan de bak. Ik voel mijn benen niet. Ik rij zo makkelijk. Ik ben die dag een ploeg in mijn eentje. Ik rij bergop op kop, ik rij bergaf op kop, ik rij op kop in de vallei. Het peloton in mijn wiel wordt een heel klein pelotonnetje. Rasmussen roept af en toe dat ik niet te gek moet doen. Het is mijn beste dag op de fiets ooit.

Voor de laatste klim geef ik af. Ik zie aan Rasmussens gezicht dat hij nog zo fris als een hoentje is. Ik weet het al voordat de etappe is afgelopen: het is binnen. We hebben de Tour gewonnen. In de bus van de ploeg heerst euforie. We delen high fives uit, we praten over een feest in Parijs. Maar nog tijdens de busrit naar het hotel verandert de sfeer. Theo de Rooij krijgt een telefoontje. Zijn gezicht betrekt. Hij loopt naar achteren, naar het douchegedeelte, zodat wij niets kunnen horen.

Wat er aan de hand is weet ik niet, maar ik begin iets te vermoeden als Stefano Cecchini me belt. Hij vertelt me dat Enrico Cassani als commentator op de Italiaanse tv heeft gezegd dat hij Rasmussen is tegengekomen in de Dolomieten, op een moment dat hij volgens zijn whereabouts in Mexico was. Ik snap dat het geen goed nieuws is. Wanneer de bus aankomt bij het hotel in Pau, is onze blijdschap enigszins getemperd.

We geloven niet dat die Mexico-affaire écht grote consequenties zal hebben – tot het moment dat Rasmussen op de deur klopt van de kamer waar Boogerd en ik liggen. Als hij binnen stapt, zie ik aan zijn gezicht dat hij gehuild heeft. 'Ik word uit de Tour gehaald,' zegt hij. Boogerd zegt: 'Wat? Hoe bedoel je?' Rasmussen stamelt: 'Theo doet het. Theo haalt me uit de Tour.' Ik sta op van mijn bed. Boogerd is woest, ik ook. We zeggen tegen Rasmussen dat wij het wel even gaan regelen met De Rooij. Wij de gang op, op zoek naar De Rooij. We vinden hem in zijn kamer. We beginnen meteen te schreeuwen. 'Waar slaat dit op? Rasmussen uit de Tour halen? Hoe kun je dat nou doen?' Maar of we nu schreeuwen, bidden of smeken: De Rooij is onvermurwbaar. 'Hij moet eruit.' De beslissing is gemaakt. Rasmussen vertrekt morgen niet meer.

Boogerd en ik hebben er zwaar de pest in. We vinden het oneerlijk. We voelen ons genaaid. Ik heb het gevoel dat ik weken op kop heb gereden voor Jan Lul. Het is niet eens de overwinningspremie die me door de neus geboord wordt, maar vooral de Touroverwinning waar we als ploeg voor rijden. Dat is hoe ik op dat moment denk: ik ben de realiteit volledig uit het oog verloren. Ik zit in een cocon waar andere regels en andere mores gelden. Dat Rasmussen heeft gelogen: nou en? We hebben toch allemaal dingen gedaan die niet mogen? De ploegartsen werken nota bene gewoon mee aan doping. Ik heb het met De Rooij nog nooit over doping gehad, maar ik kan me niet voorstellen dat hij denkt dat Rasmussen de Tour wint zonder dope. Hij is toch niet achterlijk? Het beleid dat hij en Erik Breukink voeren is op z'n best een soort gedoogbeleid. Ze eisen dat we goed zijn in de wedstrijden, maar ze hoeven niet te weten hoe. Ze vragen er niet naar zodat ze de feiten niet precies kennen.

's Avonds laat is er een vergadering in de ploegbus. Binnen, in het hotel, kunnen we nergens zitten – er lopen overal journalisten rond. In de bus hangt een sfeer die ik alleen ken van begrafenissen. We zijn boos, we zijn verdrietig, we zijn gefrustreerd. We besluiten unaniem om de volgende dag niet meer van start te gaan. Er komt een vliegtuig vanuit Nederland om ons op te halen. Het elastiek breekt. Ik ben er klaar mee. De vermoeidheid van de Tour golft over me heen. Honger heb ik niet: ik eet die avond niets. In plaats daarvan zetten we het met de hele ploeg op een zuipen. Om vier uur 's nachts ploffen Boogerd en ik op ons bed. Uitgeteld, uitgefietst. Maar drie uur later klopt Erik Breukink op de deur. Of we toch willen starten. We kunnen niet zomaar vertrekken uit de grootste wedstrijd van het jaar. De toekomst van de ploeg is in gevaar: bij de bank willen ze dat we verder rijden. Ik zeg: 'Geen sprake van.' Maar Michael is redelijk snel om, tot mijn stomme verbazing. Ik stampvoet naar de badkamer, sla de deur dicht en ga in bad liggen. Ik laat het koude water over me heen stromen. Ze kunnen me allemaal wat. Ik ga godverdomme echt niet starten. Na een kwartiertje komt Piet, de chauffeur van de ploegbus, bij me zitten. Hij geeft me een aai over mijn bol. Hij zegt dat hij snapt dat ik geen zin meer heb, maar dat het toch beter is om op de fiets te stappen. 'Als je het niet voor jezelf doet, doe het dan voor de ploeg. Voor ons allemaal.' Ik zucht en hijs mezelf uit het bad. Meer dan een uur voordat we naar de start vertrekken, zit ik al in de ploegbus. Met tranen in mijn ogen kijk ik naar buiten. Zo had ik me mijn eerste Tour niet voorgesteld. Wanneer we uitstappen bij de start, worden we uitgejouwd door het publiek. Ze roepen 'dopage' en 'tricheurs' naar ons. Michael slaat bijna een vent uit het publiek op zijn bek die iets in het Nederlands roept over doping.

Ik sleep me de laatste vier dagen naar Parijs. Daar was een groot feest gepland van waaruit we met een volledig gele trein naar het hoofdkantoor van Rabobank in Utrecht zouden rijden, maar in plaats daarvan komen we bij elkaar in zomaar een zaaltje in zomaar een hotel in Parijs. Er is niets te vieren. Nog diezelfde avond word ik opgehaald door Kees, Karien en Linda.

In de weken, maanden en jaren die volgen, is er geen evaluatie van die Tour. Het is alsof ze niet willen weten wat er gebeurt in de ploeg. Niemand vraagt ons iets. De Rooij niet, Breukink niet, de bank niet. Er wordt nooit meer over gepraat.

19.

Ik zie het niet. Of misschien wil ik het niet zien. Ik rij recht op de afgrond af, maar ik stop niet. Ik ben bezig mijn eigen carrière te vernietigen. Ik word vierde in de Eneco Tour, ik win twee ritten en het eindklassement in de Hessen Rundfahrt – maar het is niet genoeg. Ik wil méér, het moet sneller, het moet extremer. In de laatste maanden van de loopbaan van Michael Boogerd duwt hij nog even op het gaspedaal qua dopinggebruik, onder het mom 'alles moet op' – en ik doe met hem mee. Voor het WK in Stuttgart trainen we samen en spuiten we samen de laatste Dynepo uit zijn voorraad. Ik maak een paar duizend euro naar hem over om hem te betalen voor het deel dat ik heb gebruikt.

In Stuttgart, waar ik veel te hard heen scheur met mijn nieuwe Porsche 911, lig ik bij Michael op de kamer. We meten onze hematocriet een paar dagen voor de wedstrijd. We zitten allebei kneiterhoog. En dus staan we op de dag van het WK om zes uur 's morgens op om een baxter met water in onze aderen te laten lopen. De controleurs komen – zoals we al verwachtten – een uur later, maar er lijkt geen enkel probleem te zijn. In de wedstrijd rij ik alsof er straalaandrijving onder mijn zadel zit. Ik kan met elke demarrage mee en word uiteindelijk elfde. Maar na afloop moet ik meteen wéér naar de dopingcontrole. Dat vind ik vreemd – ik ben nog nooit twee keer op één dag gecontroleerd. Dion van Bommel, een van de ploegartsen bij Rabobank, gaat met me mee naar de controle. 'Thomas,' zegt hij, 'je had vanmorgen verdomme een hematocriet van 49,6.' Daar schrik ik van. Ik wist dat ik hoog zat, maar niet dat ik zelfs met een zak water nog maar net onder de vijftig zat. De UCI controleert me nog een keer omdat ik verdacht ben.

Die avond word ik gebeld door Jean-Paul van Mantgem. Hij is over de zeik. De reden dat de doktoren van de ploeg me begeleiden bij dopinggebruik is juist om te voorkomen dat ik te ver ga of onder het vergrootglas van de UCI kom te liggen. Ik moet me de volgende morgen melden in Amstelveen voor een extra bloedcontrole van de ploeg. En ik mag de Franco-Belge niet rijden omdat ik daar ook weer gecontroleerd kan worden door de UCI. 'Dat is een te groot risico,' zegt Van Mantgem.

Het is de eerste keer dat ik word teruggefloten door de ploeg. Dat ik doping gebruik is geen probleem, dat ik het risico neem om gepakt te worden wel. Ik mag cortisonen, bloedzakken en epo gebruiken, maar ik mag niet de ploeg in diskrediet brengen. Zeker niet na wat er is gebeurd met Michael Rasmussen. Ik vind het hypocriet, ik voel me gekleineerd. Ik begrijp niet dat de doktoren die epo-schema's voor me uitschrijven me nu proberen te vertellen dat ik een tandje terug moet schakelen.

Na het seizoen 2007 gaat de bezem door de ploeg. Bij de bank hebben ze een strontkar met negatieve publiciteit over zich heen gekregen – ze zijn als de dood voor een nieuwe dopingaffaire. Voorheen bemoeiden de bankiers zich nooit met de ploeg, maar dat verandert. Ze gooien niet langer een zak geld over de schutting, ze willen de vinger aan de pols houden. Theo de Rooij wordt uit zijn functie als manager gezet; hij wordt vervangen door een man van de bank, Harold Knebel. Rasmussen is ontslagen, Boogerd is gestopt. Het systeem van whereabouts wordt verbeterd zodat dopingcontroleurs renners overal kunnen vinden. En de UCI voert het bloedpaspoort in. Met dat middel kunnen ze schommelingen in de bloedwaarden van renners beter in de gaten houden.

De ploeg verandert, het wielrennen verandert, maar ik niet. Na het seizoen ga ik op stap met Michael. Op de avond van het Wielergala in Den Bosch, waar elk jaar de Wielrenner van het Jaar wordt verkozen, bellen Michael en ik aan bij de Yab Yum in Amsterdam. De portier kent ons. 'Meneer Boogerd, meneer Dekker, kom binnen.' We drinken en neuken de hele nacht. Het is al lang en breed licht als we 3.500 euro afrekenen en weer naar buiten rollen. De krant ligt al op de mat. Michael pakt 'm op, bladert naar de sportpagina's en ziet dat ik geen Wielrenner van het Jaar ben geworden. Ergens baal ik er wel van: ik heb in 2007 tien keer gewonnen, maar blijkbaar is dat niet genoeg. Ik moet nog meer winnen. Maar de voorraad Dynepo van Michael is op en er is niet makkelijk aan te komen. Dus vraag ik aan Michael het telefoonnummer van Stefan Matschiner.

In december bel ik Matschiner op. We spreken kort met elkaar. Ik vraag hem of hij nog ruimte heeft voor nieuwe klanten. Hij antwoordt bevestigend. Half december spreken we af, op Schiphol, in een vergaderkamertje in het Hilton. Hij is anders dan Fuentes. Een stuk jonger – ik schat hem begin dertig – en een stuk spraakzamer. Hij draagt een spijkerbroek en een colbertje, hij loopt op nette schoenen. Hij ziet eruit als een jonge ondernemer. Dat is hij ergens ook: hij heeft een handeltje in doping. Hij biedt, net als Fuentes, een lang en een kort systeem aan voor bloedzakken. Dynepo kan ik ook via hem kopen. Hij begint aan een uiteenzetting over de voordelen en de nadelen van alle verschillende dopingvormen, maar ik ken de details en ik weet wat ik wil. Ik ben pas 23, maar wel een ervaringsdeskundige. Ik neem de leiding in het gesprek. Ik zeg tegen hem dat ik bloedzakken wil gebruiken via het lange systeem en dat ik vóór Kerstmis de eerste twee zakken wil afgeven. 'Geen probleem,' zegt Matschiner. Daarna begint hij over geld: ik betaal jaarlijks een slordige 15.000 euro en ik sta tien procent van mijn premies aan hem af. Hij stelt voor dat hij facturen stuurt voor trainingsbegeleiding, maar dat wil ik niet. 'Ik betaal cash.' En ik zeg hem dat ik hem voortaan contact met een prepaid telefoon. Matschiner gaat akkoord, we nemen afscheid van elkaar met de woorden 'See you soon.'

Op 23 december 2007 vlieg ik vanaf Brussel naar Oostenrijk. Ik heb 's morgens vroeg op Zaventem afgesproken met Jacques Hanegraaf om hem te vertellen wat ik ga doen. Onze relatie is zo hecht dat ik hem erbij betrek. Jacques is tevreden met Matschiner. Hij is blij dat ik een nieuw adresje heb waar ik bloedzakken kan laten invriezen. 'Goed geregeld,' zegt hij. In het vliegtuig naar Oostenrijk zitten verder alleen maar wintersporters. Ze praten alvast over pistes, poedersneeuw en sleepliften. Op het vliegveld word ik opgehaald door Matschiner. We rijden samen naar een klein dorpje, Steyrermühl. Daar parkeren we voor een verzekeringskantoor met een groot bord waarop UNIQA staat. We gaan naar binnen. Het ziet eruit zoals een doodnormaal kantoor. Computers, kasten vol ordners en mappen. Maar in de kelder, tussen alle dossiers en de dozen met brochures, zie ik een machine om bloed mee te centrifugeren. Ernaast staat een grote koelkast. Ik ga zitten in een fauteuil. Matschiner prikt een naald in mijn arm en sluit een infuus aan op een lege zak. Ik geef bijna een liter bloed af, verdeeld over twee zakken. Die gaan de vriezer in nadat Matschiner er de datum op heeft geschreven. Hij geeft me twee spuitjes Dynepo zodat mijn rode bloedlichaampjes worden gestimuleerd. Daarna vertrekken we. Op de weg terug naar het vliegveld rijdt Matschiner nog even langs het huis dat hij aan het bouwen is ('Ja, de zaken gaan goed'). 's Avonds zit ik weer op het vliegtuig terug naar Brussel.

Ik slaap die avond bij Linda in Hapert. De volgende morgen, als ik om een uur of halfelf wakker word, zie ik dat ik elf oproepen heb gemist van mijn vader. Ik bel hem meteen terug. Hij praat gehaast. 'Er staat een dopingcontroleur op de stoep bij Kees. Ze zoeken je.' Ik vloek. Ik herinner me dat ik 'Luyksgestel' op mijn whereaboutsformulier heb ingevuld. Ik schiet een broek en een shirt aan, stap in mijn Porsche en jakker naar Luyksgestel – een kilometer of tien verderop. Ik heb mazzel: de controleur heeft een paar uur moeten wachten, maar hij is er nog. Ik mompel sorry tegen hem, ik plas in een potje, ik verzegel het en teken de papieren. Als de controleur vertrekt, geef ik hem een fles wijn mee omdat hij op me heeft moeten wachten.

Ik zie hem nog het tuinpad af lopen met de koelbox in zijn hand. Ik weet dat ik net Dynepo heb gespoten. Maar ik ben niet bang om tegen de lamp te lopen. Het is toch niet opspoorbaar.

Dan nog niet.

20.

Er ligt een plas bloed op de vloer van de badkamer – en ik zit er middenin. Ik prik met een dikke naald in mijn arm. Nog een keer, nog een keer, en nog een keer. Het lukt niet. Het lukt verdomme niet. Ik dacht dat ik het wel zou kunnen, een bloedzak in mijn aderen laten lopen. Maar het is moeilijker dan ik dacht. De naald is dikker dan ik gewend ben, ik krijg dat kloteding niet in een ader. Mijn arm verandert in een gatenkaas. Ik ben uitgeput; het is vier uur 's nachts. Ik vervloek mezelf, ik vervloek die eikel van een Matschiner, ik vervloek de vriend die hij gestuurd heeft om de zak af te leveren. Waarom heeft hij niet iemand bij me in Lucca langs laten rijden die wél weet hoe hij een bloedzak moet aansluiten?

Ik ben van God los. Ik ben alle grenzen voorbij. Ik gebruik bloedzakken, ik spuit Dynepo, ik vraag bij de ploeg om cortisoneninjecties. Als dit poker is, dan ben ik all in. De ploeg heeft geen vat meer op me. Op het eerste trainingskamp van de ploeg, in Spanje, heb ik Harold Knebel ontmoet. Aardige man hoor, maar hij snapt geen reet van wielrennen. En ook niet wat er in de ploeg speelt of speelde. Jean-Paul van Mantgem heb ik in tegenstelling tot Knebel wel verteld over mijn nieuwe adresje voor bloedzakken. Hij was er blij mee; met bloedzakken zou ik het minste risico lopen om gepakt te worden. 'Maar,' zei hij er gelijk bij 'we moeten wel zorgen dat je hematocriet niet hoger is dan 45, 46. Anders valt het op in je bloedpaspoort.' Ik knikte. Maar wat hij zei ging het ene oor in en het andere oor weer uit.

In het begin van 2008 heb ik nog last van mijn heup. Ik loop een trainingsachterstand op. Maar zodra ik onder behandeling ben van Cor van Wanroy, een Brabantse masseur, verdwijnen mijn klachten. Voor de Vuelta a Castilla y León gebruik ik een aantal spuitjes Dynepo; ze worden geseald, via DHL, naar me opgestuurd vanuit Slovenië. Michael betaalt de Sloveen, ik betaal Michael. Met de Dynepo begin ik te vliegen. Ik word derde in het eindklassement van Castilla y León en ik rij in vrijwel elke etappe bij de eerste drie. Voor de Ronde van het Baskenland wil ik er ook nog een zak bloed in laten gooien. Matschiner zou de zak zelf langs komen brengen, maar blijkbaar is er iets tussen gekomen. Een vriend van hem levert het ding midden in de nacht in Lucca af. Hij weet niet hoe hij de bloedzak in mijn lichaam moet laten lopen, en bovendien moet hij door naar Rome met een auto vol middelen voor een stel Italiaanse atleten. En nu zit ik ermee in mijn badkamer. Ergens in mijn achterhoofd schreeuwt een stemmetje dat ik de zak moet wegsmijten, dat ik eens moet gaan nadenken waar ik mee bezig ben. Maar ik negeer het stemmetje. Die zak moet en zal erin. En verrek, het lukt. Tegen zessen, als het buiten licht begint te worden, zit het bloed waar het hoort: in mijn lichaam. Ik spoel de lege zak schoon, knip 'm in stukken en gooi 'm in de vuilniszak.

In de Ronde van het Baskenland word ik derde in het eindklassement, achter Alberto Contador en Cadel Evans. Daarna vlieg ik naar Luyksgestel, waar Matschiner langskomt om er nog een zak in te laten lopen als extraatje voor de voorjaarsklassiekers. Het is alsof hij een pizza komt bezorgen. Hij stopt thuis de bloedzak in een trolleykoffertje, vliegt naar Düsseldorf, huurt er een autootje en tuft ermee naar me toe. Hij haalt een schilderijtje van de muur van mijn slaapkamer, hangt de zak eraan en laat het bloed in mijn aders lopen. Daarna reken ik 15.000 euro – contant – bij hem af en vertrekt hij weer.

Ik voel me onoverwinnelijk, onaantastbaar. Ik roep tegen iedereen die het wil horen dat ik onbedaarlijk hard ga rijden in de voorjaarsklassiekers. In een interview met de NOS zeg ik dat er in de Amstel Gold Race geen vijf beter zullen zijn dan ik. Mijn bloed is in topvorm. Eén dag voor die koers komt er een mevrouw van het laboratorium van Amstelveen naar het hotel in Maastricht waar we met de ploeg verblijven. Ze prikt mijn bloed om te checken hoe hoog mijn hematocriet is. Ik heb 48,2. Zo hoog dat het zal opvallen bij de UCI als ze me controleren. Ik ben er tevreden mee, vind dat ik mezelf prima heb geprepareerd. Maar bij de ploeg zijn ze er minder blij mee. De ploegartsen zijn wéér over de rooie. Ze beseffen dat ik een ongeleid projectiel ben. Het monster dat ze mede hebben geschapen is niet meer te controleren. Ze leggen me een sanctie op: ik mag in de voorjaarsklassiekers niet met cortisonen rijden. Een medisch attest voor een verzonnen blessure zou me verdacht kunnen maken bij de UCI. Ik vind het een belachelijke maatregel. Ik jengel om cortisonen bij Van Mantgem en Van Bommel, maar ik krijg ze niet.

De ploegartsen denken ook niet langer met me mee om mijn hematocriet te drukken. Op de ochtend van de Amstel Gold Race moet ik er zelf maar een zak met water in gooien. Dat is niet erg: ik had al een paar baxters gekocht bij de apotheek. Ik lig die morgen op de kamer met Laurens ten Dam. Ik ken hem al jaren: we zijn begonnen met wielrennen bij hetzelfde Noord-Hollandse wielerclubje. Lau is een van de weinige renners voor wie ik mijn handen in het vuur zou steken wat betreft doping. Hij doet niks. Hij zegt dat hij er het type niet voor is. Hij fietst voor de lol, hij is geleidelijk aan beter geworden. Hij voelt niet de druk om grote koersen te winnen. Niet vanuit de ploeg, niet vanuit hemzelf. Als de wekker om zes uur gaat, sta ik stilletjes op, om Lau niet wakker te maken. Ik meet mezelf een infuus aan in de badkamer. Maar ik maak er een puinhoop van – alweer. Ik hak met de naald in mijn arm, keer op keer. Het bloed spuit in het rond. Lau wordt wakker en kijkt met zijn slaperige kop om de hoek van de badkamer. Hij schrikt zich een ongeluk. De bloedspetters zitten tegen de muren. Als het uiteindelijk wel lukt en het water in mijn aders zit, helpt hij me mee opruimen, hoofdschuddend.

In de koers zijn er inderdaad geen vijf beter dan ik; ik word vijfde, op zes seconden van winnaar Damiano Cunego. Daarna word ik ook vijfde in de Waalse Pijl, waar Kim Kirchen wint, en zesde in Luik-Bastenaken-Luik, achter Alejandro Valverde. Ik hoor bij de grote jongens, maar ik rijd op een cocktail van dope, stress en ongezond grote ambities. Ik ga over mijn eigen grenzen en over die van mijn ploeg. In de Ronde van Romandië breekt het elastiek, van het ene op het andere moment. Met nog één bergetappe te gaan, sta ik tweede in het klassement. Dat ik de hele nacht kotsend en schijtend op de plee heb gezeten, maakt me niet uit: ik ga hier winnen. Ik laat de ploeg voor me op kop rijden omdat ik Andreas Klöden, de leider in het klassement, wil aanvallen. Maar ik voel plotseling de energie weglopen uit mijn benen. Ik ben op. Ik wil niet meer. Ik stop met trappen en zak weg uit de groep van favorieten. Er komt een cameramotor naast me rijden. Ik lach in de lens – alsof het me allemaal niks kan schelen. Een paar kilometer later zie ik de bus van de ploeg bij de bevoorrading staan. Ik stap af.

Bij de ploeg zijn ze laaiend. Ik word de volgende morgen op de trein naar huis gezet. Een soigneur zet me af op een station midden in Zwitserland, en dat is het dan. Ik krijg een telefoontje van Harold Knebel. Hij kaffert me uit. De ploeg voor me laten rijden en daarna zomaar afstappen, dat kan niet. Ik lach hem uit. De ploeg heeft me van koers naar koers gestuurd, ze hebben me uitgewrongen als een keukensponsje – maar als ik breek, dan ben ik plotseling niet goed genoeg? En trouwens: ik vind het te idioot voor woorden dat een bankier me vertelt hoe ik moet koersen; ik leg hem toch ook niet uit hoe hoog hij de spaarrente moet vaststellen?

Ik doe wat ik wil. Ik leef in een waanwereld. Ik ben bezig met mezelf en verder niets. Twee jonge zaakwaarnemers, Eelco en Martijn Berkhout, zijn al een tijdje bezig om een toertocht op te zetten die mijn naam draagt: de Gran Fondo Thomas Dekker. De opbrengst ervan gaat naar de Johan Cruyff Foundation. Om alles door te spreken is er een bijeenkomst georganiseerd in het Olympisch Stadion. Johan Cruijff is ervoor naar Amsterdam gekomen. Zijn assistenten zijn er, Martijn en Eelco zijn er. Ze wachten op mij. Een kwartier. Een halfuur. Een uur. Ze bellen me, maar ik ben niet te bereiken. Pas na twee uur krijgen ze me te pakken. Ik ben dan net wakker geworden in mijn appartement in Lucca. De afspraak met Cruijff was ik glad vergeten. Martijn en Eelco zeggen dat ik hard aan het trainen ben en zoveel aan mijn hoofd heb. Cruijff begrijpt het wel. 'Da's logisch,' zegt hij tegen ze.

De haarscheurtjes tussen mij en Rabobank worden scheuren. Het kan me niets schelen. Als Rabobank me niet steunt, dan zoek ik wel een andere ploeg. Twee weken na de Ronde van Romandië rij ik vanuit Italië naar Matschiner om twee zakken bloed af te geven voor de Tour de France. Op weg naar Oostenrijk rij ik via een casino in de Sloveense stad Novi Gorica. Ik vergok er een paar duizend euro. Op de terugweg rij ik tegen de tweehonderd kilometer per uur over de Oostenrijkse *autobahn*. Dat wil zeggen: totdat ik word aangehouden door de Oostenrijkse politie. Als ik zie dat een van de agenten een horloge van een hartslagmeter om zijn pols heeft, begin ik een lulpraatje over sport. Ik krijg uiteindelijk slechts twee boetes van 35 euro: schaterend scheur ik verder. Ik ben The Joker uit Batman. Ik denk oprecht dat ik wegkom met alles wat ik doe. Ik sta boven de wet. Ik heb succes, ik heb geld, ik heb vrouwen. Ik word door het publiek en de media hoog op het paard getild, de wereld ligt aan mijn voeten. Ik heb mijn vleugels uitgeslagen – ik vlieg hoog, hoog, hoog boven alles en iedereen.

Maar in werkelijkheid is de val dan al begonnen.

Eind mei krijg ik een telefoontje van Jean-Paul van Mantgem. Er is een probleem. De UCI heeft de ploeg ingelicht dat het in mijn bloedpaspoort wemelt van de onregelmatige bloedwaarden. Ze verdenken me van dopinggebruik. Ik moet op het matje komen in Zwitserland, op het hoofdkantoor van de UCI in Aigle. Ik voel dat het bloed uit mijn gezicht wegtrekt. Het is een reality check. Maanden, jaren heb ik me nergens over hoeven te verantwoorden, en nu moet ik gaan uitleggen hoe het komt dat mijn bloedwaarden op en neer stuiteren als een ADHD-kleuter met te veel kleurstof op.

In de weken daarna komt er niets meer van trainen terecht. Ik heb geen moraal. Ik voel me geen wielrenner; ik ben een verdachte. Jacques Hanegraaf regelt een advocaat voor me, Hans van Oijen. We vliegen naar Zwitserland, waar we Jean-Paul van Mantgem ontmoeten. Hij zegt nauwelijks iets tegen me. We hebben een afspraak met de UCI in een vergaderzaaltje van een hotel in de buurt van Aigle. De UCI wordt in het gesprek vertegenwoordigd door Mario Zorzoli, een Italiaanse arts die de bij de UCI werkt als lid van de medische commissie. De sfeer aan tafel is om te snijden. Zorzoli pakt mijn bloedwaarden erbij en legt uit hoe het systeem werkt. 'Dit zijn jouw bloedwaarden, die stoppen we in een formule en daaruit komt een percentage dat aangeeft hoe groot de kans is dat je doping hebt gebruikt.' Hij is heel even stil. 'Dat is bij jou 99,9 procent.' Hij kijkt me aan. Ik zeg niks. Ik weet niet wat ik zou moeten zeggen. Mijn advocaat grijpt in. '99,9 procent, dat is geen honderd procent. Toch?' Zorzoli zegt: 'Ehhh, dat klopt ja.' 'En als het geen honderd procent is, dan mag hij gewoon koersen toch?' Zorzoli knikt. Van Oijen trekt een formulier uit zijn aktetas. 'Kunnen jullie dat even bevestigen, vanuit de UCI? Dat Thomas gewoon kan koersen?' Van Oijen schuift het formulier met een pen naar Zorzoli toe. Die krabt op zijn achterhoofd. Daarna pakt hij de pen en ondertekent hij het velletje. Van Oijen kijkt tevreden toe.

Waarom ik nu eigenlijk naar Zwitserland moest komen weet ik nog steeds niet. Het kan niet anders of Zorzoli wil me waarschuwen. Alsof hij wil zeggen dat ze me in de smiezen hebben. Maar wat wil hij ermee bereiken? Dat ik stop met doping gebruiken? Of dat ik het beter verberg?

De ploeg heeft het met me gehad. Ik mag niet naar de Tour en ik krijg geen oproep om het Nederlands Kampioenschap te rijden. Dat pik ik niet. Ik ga tóch. Ik rij naar Ootmarsum en vraag om een kamer in het hotel waar de Rabobankploeg slaapt. Ik krijg er eentje in een andere vleugel van het hotel. Ik word nergens bij betrokken. Via andere renners hoor ik waar de ploegbespreking is. Op de gang kom ik Knebel en Breukink tegen. Ze kijken me met strakke gezichten aan. Ik grijns naar ze als een puber die net de klas uit is gezet. Ik wil ze laten zien dat ze me niet kunnen raken. Ik doe nog arroganter en stoerder dan ik al ben. Als de Tour begint, stuurt Rabobank me naar de Sachsen Rundfahrt. Ik rij er lusteloos in de rondte. Televisiemaker Wilfried de Jong maakt een reportage over me, maar ook dat interesseert me geen zak. Terwijl mijn ploeggenoten naar de start van een van de etappes fietsen, stop ik om uitgebreid bij de etalage van een juwelier naar veel te dure horloges te kijken. De camera draait terwijl ik klokjes kijk. Ik ben een verwend en verwaand joch en ik schaam me er niet voor. Althans: ik doe alsof. Ik wapen me met een ondoordringbaar pantser van arrogantie.

Eind juli verschijnt er een stuk in *de Volkskrant* waarin staat dat ik door de UCI in de gaten wordt gehouden omdat ik wisselende bloedwaarden heb. Tot op de dag van vandaag weet ik niet hoe ze erachter zijn gekomen. Maar ik doe alsof het niet waar is. Bij het criterium van Boxmeer, waar normaal gesproken de renners uit de Tour worden gefêteerd, staat een roedel hongerige journalisten me op te wachten. Ze vragen me naar mijn wisselende bloedwaarden, naar mijn slechte relatie met mijn ploeg. Ik ontken alles en wijs naar het briefje dat Zorzoli heeft ondertekend. 'Er is niets aan de hand. Ik mag gewoon wedstrijden rijden. De UCI heeft me geen strobreed in de weg gelegd.' Zodra ik alleen ben, vloek ik hartgrondig. Ik denk dat de hele wereld tegen me is. Ik ben boos op de UCI, boos op Rabobank; ik reageer mijn frustraties af op mijn familie en mijn vriendin. Ik zit vol met woede, maar ik denk dan nog dat ik het kan omzetten in prestaties op de fiets. Ik weet alleen nog niet voor welke ploeg.

Een paar dagen na Boxmeer kom ik Bernhard Kohl tegen bij een ander criterium – de Draai van de Kaai, in Roosendaal. We hebben met elkaar gereden bij de beloften van Rabobank, daarna zijn we allebei onze weg gegaan. Kohl is derde geworden in de Tour van dat jaar. Bernhard Kohl derde – dat is volstrekt belachelijk. Het is een goede renner, daar niet van, maar we weten allebei dat hij het niet zonder farmaceutische hulp gedaan kan hebben. Als we voor de wedstrijd op een stil stukje van het parcours fietsen, zeg ik tegen hem dat ze in Oostenrijk blijkbaar héél goede atletenmanagers hebben. Hij moet lachen. Daarna vertelt hij me dat hij nóg een bloedzak had klaarliggen voor de laatste dagen van de Tour, maar dat hij die niet gebruikt heeft omdat hij bang was dat het dan helemaal te gortig zou worden. We moeten er heel hard om lachen. Heel, heel even voel ik me niet alleen. Die avond zoek ik meer gezelschap. Ik ga naar Michael Boogerd, die vlak over de grens in België woont. Ik mis hem bij de ploeg, ik mis de tijd dat we alles konden doen wat God verboden had zonder er verantwoording voor te moeten afleggen. We zuipen die avond veel te veel, zoals gewoonlijk. Hij, ik, zijn vrouw Nerena – we drinken en we drinken en we drinken. Michael zuipt zich een ongeluk, letterlijk. Diep in de nacht, nadat we zoveel wijn en bier hebben gedronken dat we met een driedubbele tong spreken, wordt hij ineens paranoia. Hij beschuldigt me van van alles en nog wat, hij ziet spoken. Hij rent de tuin in en kruipt weg achter bosjes. Als hij over het hek wil klimmen dat om zijn tuin heen staat, valt hij ervanaf. Hij ligt op de grond te kermen en is zo ziek van de alcohol dat Nerena een ambulance belt. Die komt even later met gillende sirenes aanrijden. Maar Michael wil niet mee. Hij strompelt naar zijn bed en valt in slaap.

Ik sta de volgende ochtend op met een kater en een tong zo droog als de Sahara. Ik moet op kantoor komen bij Harold Knebel, aan de Apollolaan in Amsterdam. Het doel van het gesprek is duidelijk: mijn contract moet worden ontbonden. Rabobank wil van me af. Knebel heeft een advocaat meegenomen. Ik ook. Jacques Hanegraaf is er ook bij. De atmosfeer in het vergaderzaaltje is ijzig. Als ik praat, dan snauw ik. Ik ben een joch van 23 dat geen tegenspraak gewend is, Knebel is een vijftiger die evenmin tegenspraak gewend is. Achteraf snap ik dat ze me uit de ploeg wilden knikkeren: ik was een tikkende tijdbom. Maar op dat moment voel ik me genaaid. Ik zie Knebel als een klotebankier die er niets van snapt. Ik kan niet geloven dat ze me uit de ploeg gooien na het voorjaar dat ik gereden heb. Na een kwartier zeg ik: 'Als ik geen andere ploeg vind, dan blijf ik gewoon, want ik heb volgend jaar ook nog een contract.' Knebel schrikt. Hij schudt zijn hoofd. 'Nee, echt niet, dat gaat niet. Je moet weg.' Ze willen zo graag van me af dat ze bereid zijn om mijn doorlopende contract af te kopen. Ik krijg mijn salaris van acht ton over 2008 in één keer uitbetaald en nog drie ton over 2009. Ze geven me 1,1 miljoen euro om op te rotten. Ik accepteer het.

Mijn tijd bij Rabobank is over. Ik kwam als talent, ik vertrek als paria.

21.

Het besluipt me. Heel stiekempjes, vanuit het donker. Ik heb het jarenlang niet gevoeld en ik probeer het te negeren, maar het is er wel. Twijfel. Seizoen na seizoen ging alles vanzelf. Ik won steeds meer koersen, ik reed steeds harder, ik kreeg steeds meer geld – maar nu is alles anders. Ik ben geen kopman meer bij Rabobank, ik ben een renner met een smet die op zoek moet naar een nieuwe ploeg.

Ik hink op twee gedachten. Het ene moment besluit ik om nooit meer doping te gebruiken, het volgende denk ik aan de bloedzakken die nog in de vriezer liggen bij Stefan Matschiner. Een deel van me wil vertellen wat ik de afgelopen jaren gedaan heb, maar ik hou mijn mond. Met Jacques Hanegraaf heb ik nauwelijks contact: hij is intussen de baas geworden van een wielerploeg, Unibet. Ik ben geen prioriteit meer voor hem. Ik wil het verleden het liefst achter me laten. Ik zeg tegen Eelco en Martijn Berkhout dat ze voor me aan de slag moeten gaan om een nieuwe ploeg te zoeken, maar ik breek niet met Hanegraaf. Een deel van mij wil van hem af omdat met hem alle ellende begon, een ander deel houdt vast aan de ouderwetse wielercultuur van spuiten, slikken, wheelen en dealen. En als iemand kan wheelen en dealen, dan is het Jacques wel.

Ik had gedacht dat de ploegen voor me in de rij zouden staan. Dat ze met elkaar zouden vechten om mijn handtekening. Maar dat gebeurt niet. Het is alsof ik radioactief ben – de grote ploegen willen hun handen niet aan me branden. Eelco en Martijn hebben bedacht dat de beste optie Slipstream zou zijn, een Amerikaans team dat op dat moment uitkomt in de tweede divisie van het wielrennen. Ze noemen zichzelf The Clean Team omdat er renners rijden met een uitgesproken visie tegen doping. Het is de beste manier om mijn besmette imago weer op te poetsen. De manager heet Jonathan Vaughters – een nogal eigenzinnige kerel die zelf renner is geweest. Hij heeft doping gebruikt in zijn periode als ploeggenoot van Lance Armstrong. Hij heeft bekend en probeert nu renners de kans te geven om schoon te presteren. Eelco en Martijn kennen hem; ze hebben hem gepolst om te weten of hij interesse in me heeft. Dat heeft hij. Hij volgt me al langer. Hij kent mijn uitslagen bij de junioren en de beloften zelfs. Vaughters wil hogerop met zijn team; hij ziet in mij de renner die Slipstream naar een hoger niveau kan tillen. Het verhaal van mijn wisselende bloedwaarden kent hij slechts zijdelings. Voor een buitenstaander is nauwelijks te beoordelen wat ervan waar is, niet in de laatste plaats omdat Rabobank een persbericht naar buiten heeft gebracht waarin wordt verklaard dat er niets aan de hand is met mijn bloedwaarden. Ik heb Eelco en Martijn het document gegeven dat Zorzoli heeft ondertekend. Ze komen pas net kijken in de profwereld: ik vertel ze niets over doping. De wisselende bloedwaarden begrijpen ze maar half: het bloedpaspoort is pas net in werking getreden, niemand weet nog precies wat het inhoudt. Als ze ernaar vragen, dan wijs ik naar de brief van de UCI. Niks aan de hand – ik mag gewoon koersen.

Eind juli 2008 ontmoeten we Vaughters in Brussel. Het gesprek loopt voortvarend. Hij heeft klauwen met geld over om me te verleiden: een tweejarig contract met een oplopend salaris van zeven ton naar één miljoen euro, exclusief bonussen. Hij stelt een paar voorwaarden. Zo moet ik in het Spaanse Girona gaan wonen in een villa die de ploeg voor me huurt; er wonen veel Slipstream-renners in die regio. Mijn appartement in Lucca moet ik verhuren aan Vaughters zelf. Dan weet hij zeker dat ik niet in Lucca ben. Vaughters wil namelijk dat ik alle banden met Luigi Cecchini verbreek. 'Zijn imago is niet goed voor jou, Thomas,' bromt hij erbij. Ik ga ermee akkoord. Vaughters is tevreden. Hij vraagt me om de waarden uit mijn bloedpaspoort nog even op te sturen: dan checkt hij die samen met de ploegarts. We spreken af dat hij twee dagen later een persconferentie belegt om de transfer bekend te maken. Maar zover komt het nooit. Een dag na onze ontmoeting in Brussel belt Vaughters op naar Martijn. Hij heeft net de bloedwaarden ingezien en is zich het apelazarus geschrokken. Hij zegt tegen Martijn: 'You need to sit down. Those values – it's a fucking problem, man. The deal is off.' Hij zegt dat hij niet kan bewijzen dat ik doping heb gebruikt, maar dat de kans wel heel groot is. En met dat soort renners willen ze niet in zee. Martijn belt me op, in verwarring. Hij snapt niet wat er gebeurt. Ik spring in mijn auto en race van Luyksgestel naar Haarlem, waar Martijn en Eelco wonen. Als ik binnenkom, vertel ik ze dat het klopt, van die wisselende bloedwaarden. Maar het hoe en waarom vertel ik er niet bij. Al dat gemiep over de wisselende bloedwaarden noem ik 'bullshit'. Ik gebruik hun naïviteit en vraag ze om verder te zoeken.

Volgens de broertjes Berkhout zijn er twee andere opties, twee Nederlandse teams: Skil-Shimano en Vacansoleil. Ze komen ook uit op een treetje onder de ProTour, het niveau van Rabobank. Bij Skil-Shimano is Iwan Spekenbrink net aangetreden als manager. Hij is geïnteresseerd, maar hij staat niet te popelen. Vooral niet als ik weiger mijn bloedwaarden op te sturen naar de dokter van de ploeg, Edwin Achterberg. En als ze bij Shimano zeggen dat ze me niet in de ploeg willen, valt de deur definitief in het slot.

Er blijft maar één ploeg over: Vacansoleil. De manager van de ploeg heet Daan Luijkx. Hij is mede-eigenaar van een accountantskantoor dat HH&L heet: Hanegraaf, Hoendervangers en Luijkx. Jacques Hanegraaf en hij zijn zwagers: Jacques is getrouwd met de zus van Daan Luijkx. Dat wil niet zeggen dat ze altijd even goed met elkaar overweg kunnen. Ze hebben een conflict over geld – niet lang na mijn gesprek met Luijkx verandert de naam van het accountantskantoor in H&L: de H van Hanegraaf is verdwenen. Luijkx wil me per se contracteren. Hij heeft Vacansoleil net als sponsor binnengehengeld en hij wil zo snel mogelijk richting de ProTour. Op donderdag

25 september hebben Martijn en ik een afspraak met Luijkx en Hoendervangers in hun kantoor in Roosendaal. Luijkx is het meeste aan het woord. Zijn haar is zo zwart als de koffie die zijn secretaresse serveert. Hij houdt me voor dat we hetzelfde doel hebben: naar de top, zo snel mogelijk. Ik ben gevleid door zijn interesse, maar het gesprek neemt vlak voor het einde een vreemde wending. Luijkx zegt tegen me: 'Heb je het onder controle, met die bloedwaarden?' Ik antwoord: 'Ja, natuurlijk. Ik heb een brief van de UCI waarin staat dat er niets aan de hand is.' Hij kijkt me recht aan en zegt zonder te verblikken of verblozen: 'En dat verhaal in Spanje, kunnen we daar nog last van krijgen?' Ik schrik. Spanje? Wat krijgen we nou? Hoe weet hij van Fuentes? Heeft Jacques zijn mond voorbijgepraat? Ik stamel: 'Neuh, Spanje is geen probleem hoor.' Martijn kijkt me fronsend aan. Hij snapt er de ballen van. Luijkx zegt: 'Oké, anders lossen we het samen op.' Ik krijg het gevoel dat hij me oprecht wil helpen. Maar ik vind het tegelijkertijd nogal ongemakkelijk dat hij dingen van me lijkt te weten die hij helemaal niet hoort te weten.

Ik ga niet naar Vacansoleil, want er komt een andere optie uit de lucht vallen: het Belgische Silence-Lotto. De manager van die ploeg, Marc Sergeant, heeft Jacques Hanegraaf opgebeld omdat hij denkt dat hij nog steeds mijn zaken behartigt. Dat stoort me. Ik wil eigenlijk zo min mogelijk met Jacques te maken hebben: met wat hij weet kan hij me kapot maken, en ik hem. Maar tegelijkertijd ben ik blij dat ik via hem bij een team kan rijden dat op het hoogste niveau acteert. Bij Lotto word ik ploeggenoot van renners als Philippe Gilbert en Bernhard Kohl, die overkomt van Gerolsteiner. Althans, dat denk ik: half oktober wordt hij betrapt op de epo-variant CERA. Hij wordt geschorst en zal nooit meer terugkeren in het peloton.

Ik teken mijn contract met Lotto in Varese, waar het WK wordt gehouden. Het voelt vreemd om er te zijn; ik doe er zelf niet aan mee omdat ik nauwelijks heb getraind en sinds juli niet meer heb gekoerst. Ik ontmoet er Marc Sergeant. Veel tijd hebben we niet: we schudden handen en zetten handtekeningen. Over mijn bloedwaarden hoeft hij niets te weten. Hij is bereid om me vier ton te betalen, twee seizoenen lang. En ik mag een renner meenemen. Ik weet al wie dat zal worden: Michiel Elijzen, een vriend van me. Hij is een van de weinige renners die het tegen me durft te zeggen als ik me belachelijk gedraag. Ik heb de stille hoop dat hij me enigszins op het rechte pad kan houden. Een paar weken nadat ik mijn contract teken, spreek ik uitgebreider met Sergeant, bij hem thuis in België. Hij komt op me over als een warme man. Zijn Vlaamse accent is charmant. Aan het einde van het gesprek zegt hij: 'We zijn een nette ploeg. Wij doen geen rare dingen.' Ik vat het op als een waarschuwing. Maar tegelijkertijd snap ik niet goed waarom hij dan mij én Bernhard Kohl heeft aangetrokken.

Ik zal niet beweren dat ik op dat moment heb besloten om nooit meer doping te gebruiken. Ik heb er niet definitief een punt achter gezet. Maar ik weet wel dat ik nooit meer terug wil naar de situatie zoals de afgelopen jaren bij Rabobank. Ik kan de stress niet aan, de constante angst dat ik een telefoontje uit Zwitserland krijg met de mededeling dat ik gepakt ben. Ik wil weer fietsen, ik wil weer genieten van de koers. En ik weet dat ik het ook zonder doping kan. Ik stel mijn ambities een klein beetje bij. Ik ben 24, ik heb nog een loopbaan van jaren voor me. Ik moet een beetje zuiniger op mezelf zijn. Dan maar niet de Tour de France winnen: een paar etappes of een klassieker is ook leuk. Ik hou mezelf voor dat het wielrennen verandert door de invoering van het bloedpaspoort. Zoveel dope gebruiken is niet langer nodig.

Ik krijg weer zin om te koersen. Zeker nadat ik met Linda, Stefano en zijn vriendin Valentina met vakantie ben geweest naar de Bahama's. We zitten er in een veel te dure club, ik sla 25.000 euro stuk, we drinken te veel, ik snuif een lijntje coke en ik krijg een pensje – tot mijn grote schrik. Ik heb veel te lang niet serieus getraind; ik snak naar mijn fiets. Ik wil me weer wielrenner voelen. Ik doe een poging om mijn leven op de rit te krijgen. Van de afkoopsom van Rabobank koop ik een kast van een huis in Lommel; ik ben van plan er met Linda te gaan samenwonen.

We vertrekken met Lotto op trainingskamp naar Spanje. Op de fiets en aan tafel is Vlaams de voertaal: driekwart van de ploeg bestaat uit Vlamingen – renners als Greg Van Avermaet, Johan Vansummeren en Leif Hoste. Tijdens de trainingen voel ik dat ik van ver moet komen. Ik heb er een halfjaar met de pet naar gegooid: mijn vorm ligt ver beneden het vriespunt. Maar ik zet door – dan nog wel. Langzaam maar zeker verbetert mijn conditie. Bij de ploeg zijn ze vrij serieus. Er komt 's avonds geen alcohol op tafel: het is de jaren ervoor nogal vaak fout gegaan, schijnt het. Tijdens trainingskampen gaan we met een klein groepje nog wel stiekem uit, 's avonds, maar het loopt niet zo uit de hand als in mijn jaren bij Rabobank. We drinken wel in clubs waar vrouwen zijn met te weinig kleren aan, maar we pissen niet in de gordijnen.

In de eerste koersen ben ik pelotonvulling. Ik val hard tijdens een training, ik heb nog niet het niveau om mee te doen voor de knikkers. In de voorjaarsklassiekers werk ik voor Philippe Gilbert. Bij Lotto merk ik niets van dopinggebruik van ploeggenoten. Aan tafel wordt er niet over gesproken: Belgische renners zijn sowieso veel geslotener dan Nederlandse. Wél krijg ik van de ploegarts, Jan Mathieu, cortisoneninjecties met een vervalst medisch attest. Ik zie het niet als doping – cortisonen zijn voor mij bijna net zo normaal als dorstlesser in mijn bidon. Mathieu verzint elke keer een nieuwe blessure – de ene keer heb ik last van mijn linkerknie, de andere keer doet mijn schouder of mijn zitvlak zeer. Als hij het heeft over hoeveelheden, dan spreekt hij in streepjes – de streepjes op de injectienaald. Elk streepje is een tiende milliliter. Op de donderdag voor de Amstel Gold Race krijg ik vijf streepjes, op zaterdag nog tweeënhalf. Hij zet de injecties met de deur dicht, zodat anderen niks zien. Maar tegelijkertijd spreekt hij wel over de injecties bij andere renners. Het wordt me duidelijk dat het een vast gebruik in de ploeg is. Dat verbaast me niet: in mijn Rabobankjaren vóór de Rasmussen-Tour was het niet anders.

Mijn niveau begint langzaam te stijgen. Ik word vierde in de Ronde van België, voornamelijk dankzij een redelijke tijdrit. Daarna ga ik voor het eerst in mijn leven op hoogtestage in Zwitserland, als voorbereiding op de Ronde van Zwitserland en de Tour. Die stage slaat aan: door de ijle lucht maakt mijn lichaam extra rode bloedlichaampjes aan. In de Ronde van Zwitserland voel ik voor het eerst in tijden dat ik bergop weer meekan. In de afsluitende tijdrit word ik derde, achter Fabian Cancellara en Tony Martin. Er valt iets van me af. Ik kan het nog, ook zonder bloedzakken en Dynepo. Eindelijk, eindelijk. Ik doe weer mee.

Op de zondag voor de Tour rij ik het Nederlands Kampioenschap in Limburg. De dag ervoor rij ik naar Luik om er een cortisoneninjectie te krijgen van Jan Mathieu. Vandaar rij ik in mijn Porsche naar Landgraaf, waar ik met Michiel Elijzen, Dirk Bellemakers en Lotto-ploegleider Hendrik Redant in een hotel zit. Na het avondeten realiseren we ons dat we nog rugnummers moeten halen. Ik zeg: 'Ik doe het wel even.' Ik stap in mijn Porsche en rij naar de permanence. Op de terugweg word ik ongeduldig: ik wil naar mijn bed, maar alle stoplichten staan op rood. Zodra ik heel even de ruimte krijg, duw ik het gaspedaal in. Ik rij een kilometer of negentig per uur, binnen de bebouwde kom, als ik zwaailichten in mijn spiegel zie. Politie. Ik zet de Porsche aan de kant en draai het raampje naar beneden. Een agent van mijn leeftijd vraagt om mijn autopapieren en om identificatie of een rijbewijs. Maar die zitten in de tas die in het hotel staat. Ik vraag of ik mijn rijbewijs even mag gaan ophalen in het hotel. Dat mag niet. Ik bel Michiel en Dirk. Ze nemen niet op – ze liggen al op één oor. En dus moet ik mee naar het bureau. Ik leg uit dat ik de dag erop het NK moet rijden, maar dat maakt geen indruk. Hoe ik ook vloek en tier: ik moet mee. En ik mag mijn auto niet zelf rijden. Gefrustreerd stap ik achterin de politiewagen. Wanneer de jonge agent achter het stuur van de Porsche gaat zitten, roep ik naar hem: 'Geniet ervan, het is de enige keer in je leven dat je in zo'n auto rijdt.' Na een keer of twintig bellen neemt Michiel zijn telefoon eindelijk op. Hij klinkt slaperig. Ik overtuig hem ervan dat hij naar het politiebureau moet komen. Totdat hij er is, moet ik in een cel zitten. Zonder veters, zonder riem. In de cel naast me zit een kerel die volledig aan het flippen is: hij beukt tegen de muren en de deur, hij schreeuwt woorden in een taal die niet bestaat. Als Michiel aankomt, met mijn paspoort en mijn rijbewijs, word ik uit de cel gelaten. Ik krijg een boete van zestig euro. Die betaal ik contant. De jonge agent achter de balie vraagt me of ik nog VIP-kaarten kan regelen voor het NK. Ik kijk hem aan en zeg: 'Wat denk je zelf?' Hoofdschuddend rij ik terug naar het hotel. Het is na twaalven als ik in mijn bed lig. Ik overtuig mezelf ervan dat het niet erg is, dat ik nog steeds Nederlands kampioen kan worden. Maar ik verlies het NK al bij het ontbijt, als ik scrambled eggs opschep. Net als Michiel en Dirk word ik geveld door een voedselvergiftiging. Na honderdvijftig kilometer fietsen sta ik kotsend langs de kant van de weg. De volgende dag kan ik er alweer om lachen. Voedselvergiftiging of niet: ik ben in vorm.

Op woensdag 1 juli banjer ik fluitend door mijn appartement in Lucca. Het is 12.20 uur. Ik pak mijn koffer in voor de Tour de France. Ik heb er zin in. Ik voel geen druk, er zijn geen problemen, ik hoef me niet bezig te houden met prepaid telefoontjes en bloedzakken. Ik denk dat ik het verleden achter me heb gelaten.

En dan gaat mijn telefoon. Ik kijk op het schermpje. Het is een Zwitsers nummer.

22.

'Hallo.'

'Hallo, spreek ik met Thomas Dekker?'

'Ja.'

'Hallo Thomas. Je spreekt met Ann Gripper van de dopingcommissie van de UCI.'

'...'

'Ik bel je om je te laten weten dat je positief bent bevonden.'

'Wat? Positief? Waarop?'

'Op Dynepo.'

'Dynepo? Dat kan niet.'

'Door middel van een zogenaamde retrotest. We hebben de Dynepo gevonden in een urinestaal van anderhalf jaar geleden.'

'Wat? Wanneer?'

'24 december 2007.'

'...'

'Je hebt tot vier uur vanmiddag de tijd om het je ploeg, je familie en je vrienden te vertellen. Daarna maken we het bekend.'

'Bedankt voor het kapotmaken van mijn leven.'

'...'

Tuut-tuut-tuut.

23.

Ik zit op de bank en ik staar voor me uit. Ik scheld niet. Ik huil niet. Ik ben niet boos of verdrietig. Ik voel niets. Ik ben een standbeeld van een 24-jarige wielrenner op een bank die niet weet of hij nog een wielrenner is.

Een kwartier lang zit ik zo. Daarna pak ik mijn telefoon en druk machinaal op de knopjes. Ik zit een soort overlevingsmodus: ik doe wat ik moet doen. Ik bel Kees en vertel hem dat ik gepakt ben. Ik vraag hem of hij mijn ouders wil bellen; ik wil het zelf niet doen. Ik wil niet horen hoe teleurgesteld ze zijn. Daarna bel ik Marc Sergeant om te zeggen dat hij een vervanger moet zoeken voor de Tour. Ik verwacht dat hij boos wordt, maar dat is niet zo. Hij zucht een keer, wenst me sterkte en dat is dat. Ik bel Stefano en Luigi Cecchini. Stefano komt meteen naar me toe: hij woont bij me om de hoek. Een uur later zitten we al in de auto en rijden we naar Milaan voor een afspraak met een advocaat die Cecconi heet. Terwijl het zesuurjournaal in Nederland opent met het nieuws van mijn positieve dopingtest, spreek ik de te volgen strategie door met Cecconi. We spreken af dat ik niet ga ontkennen, maar dat ik ook niet ga praten. Ik zeg dat ik bloeddoping heb gebruikt, verder hou ik mijn mond. En we proberen om de duur van de verwachte schorsing zo kort mogelijk te maken: misschien trekken ze dat halve jaar dat ik bij Rabobank niet heb gekoerst er wel vanaf.

Vijf dagen na het belletje van Ann Gripper bezorgt de postbode een aangetekende brief. De afzender: Jacques Hanegraaf. Ik open de brief en zie dat het een factuur is. Ik moet 58.000 euro aan hem betalen voor zijn diensten. Verder staat er niets. De boodschap is duidelijk: dokken. Hij heeft me aan de doping geholpen, maar nu ik word gepakt trekt hij zijn handen van me af. Hij heeft me niet gebeld, hij heeft mc nog geen berichtje gestuurd – hij wil zo snel mogelijk geld zien. En dat terwijl er nog niet eens een straf is uitgesproken. Ik betaal de factuur meteen. Ik wil niets meer met Hanegraaf te maken hebben.

Ik leef een paar weken in een emotieloze roes. Ik probeer niet na te denken over het verleden of over de toekomst. Ik eet als een robot, ik praat als een robot, ik gebruik regelmatig pillen om te slapen. Als ik Linda aan de telefoon heb, doe ik alsof ik het allemaal onder controle heb. Ik wil haar niet ongeruster maken. Mijn fiets raak ik niet aan: ik wil er het liefst niet eens naar kijken.

Ik moet voorkomen in Monaco. Daar word ik geacht om tekst en uitleg geven aan vertegenwoordigers van de Monegaskische wielerbond die eigenlijk gewoon bij de Franse wielerbond werken. Ze vragen me of ik alles zelf heb gedaan. Ik lieg dat niemand me heeft geholpen. Ze vragen me of ik ooit doping heb gezien bij andere renners. Ik lieg dat ik nog nooit iets heb gezien. Ik geef geen details, ik geef geen andere namen, ik geef ze helemaal niets. Het enige wat ik zeg is dat ik bloeddoping heb gebruikt – onder die noemer vallen epo, Dynepo en bloedzakken. Ik denk dat het slim is om verder mijn mond te houden. Ik ben opgevoed in een systeem waar je je bek houdt tegen de buitenwereld als het over doping gaat. Ik zwijg omdat ik ooit nog terug wil keren in het peloton; ik zwijg omdat ik niet degene wil zijn die Rabobank wegjaagt als sponsor en dat daardoor tientallen mensen op straat komen te staan. Ik wil geen Bernhard Kohl zijn, die huilend achter een tafeltje alles opbiecht. Ik wil stoerder en harder zijn, veel stoerder en harder dan ik eigenlijk ben. Ik ben een macho in een machowereld. Ze kunnen me niet raken. Ik blijf koppig zwijgen. Ze kunnen me wat. Ik probeer mezelf van mijn gelijk te overtuigen: ik zit mijn schorsing uit en ik zal terugkomen – sterker dan ooit.

Ik denk niet dat ik mezelf geloof.

24.

Met vallen is het elke keer anders. De ene keer lig je voordat je het weet met je kin op het beton, de andere keer duurt het een eeuwigheid tot je de grond raakt. Vanaf het moment dat je beseft dat je valt is het alsof de tijd begint te kruipen, als een klodder appelstroop van een tafelpoot. Je ziet de steentjes op het asfalt en de madeliefjes in de berm, je ruikt de massageolie op je benen, je hoort de spaken van je wiel in slow motion breken op de rug van de renner die voor je ligt. En voordat je de grond raakt, heb je de tijd om jezelf honderdduizend keer af te vragen of je ooit nog op zult staan.

Na het telefoontje van Ann Gripper duurt het een paar weken voordat ik besef dat ik val. Zodra ik het doorheb, houdt het niet meer op. Ik val – dieper, dieper, dieper, nog dieper. Het duurt en het duurt en het duurt. Ik ben gewend om de grond te raken, pijn te voelen en weer op te krabbelen – maar deze keer is er geen grond om te raken. Het is een put zonder bodem.

Ik sla op de vlucht. Linda komt een paar dagen naar Lucca, maar zodra ze weg is vlieg ik meteen naar Ibiza, waar Stefano een huis heeft gehuurd. Ik wil weg uit Lucca, weg bij mijn fiets, weg bij Linda vandaan, weg bij mijn ouders vandaan: ik wil weg bij alle mensen die ik verdriet doe. En ik wil weg van mezelf. Ik begin te drinken. Niet af en toe, zoals daarvoor, maar elke dag. En elke dag te veel. Na een paar drankjes zijn de randjes van mijn gedachten minder scherp. Als ik dronken mijn bed in val, lig ik niet meer te malen over de schorsing die me boven het hoofd hangt. Ik ga elke avond uit. En ik bedrieg Linda met heel veel vrouwen. Toeristes, serveersters, hoeren; Spaanse vrouwen, Italiaanse vrouwen, Russische vrouwen, vrouwen van wie ik niet weet hoe ze heten of waar ze vandaan komen. Ik ben continu op zoek naar bevestiging. Een vrouw die bezwijkt voor mijn versiertrucs is als een gewonnen wedstrijd: het geeft me, al is het maar voor heel even, het gevoel dat ik nog meetel. Het is alsof ik mezelf wil bewijzen, keer op keer.

Op de momenten dat ik nuchter ben, word ik heen en weer geslingerd tussen allerlei emoties. Boosheid, verdriet, frustratie, spijt, schuld. Meestal kies ik voor de makkelijkste weg en zie ik mezelf als slachtoffer. Waarom moest het mij overkomen? Wat had ik misdaan? Ik deed toch hetzelfde als zoveel anderen? Ik vraag me af waarom juist mijn urinestaal met terugwerkende kracht werd getest – bij mijn weten is er op dat moment nog nooit een andere renner op die manier gepakt.

De hele zomer pendel ik op en neer tussen Ibiza en Versilia, van strand naar strand, van club naar club. Ik ga nog steeds elke avond uit, geef geld uit alsof er geen morgen is. Ik dénk er zelfs niet over om te gaan trainen; in het frame van mijn fiets hangt een spinnenweb. Als mensen me vragen wanneer ik ga trainen, dan zeg ik dat ik morgen weer begin. Maar er is nooit een morgen. Ik val, ik val en de tijd staat stil.

Op een avond eind augustus 2009 ga ik met Stefano uit aan de kust van Toscane. We hebben de hele dag op het strand gelegen. Ik ben al vroeg begonnen met drinken. We gaan uit met een paar halve vrienden en kennissen in een discotheek die La Capannina heet. Ik zuip van alles door elkaar heen: wijn, cuba libre, champagne, wodka. Ik geef weer handenvol geld uit, het kan me allemaal geen zak schelen. Ik drink me kapot en ben mezelf aan het vernietigen. En als dat niet snel genoeg gaat, pak ik een blikje Red Bull en smijt dat zo hard ik kan naar een groepje rijke Russen dat voor ons aan een tafeltje zit. Een paar gasten springen op, roepen Russische scheldwoorden en wijzen naar me. Ik loop op ze af. In mijn ooghoek zie ik de uitsmijter aan komen rennen. Ik wil mijn riem afdoen om hem ermee op zijn harses te slaan, maar ik ben te dronken om de gesp te openen. De uitsmijter grijpt me, pakt me in een nekklem en sleurt me naar de uitgang. Ik word op straat geflikkerd. Daar lig ik een tijdlang op de stenen. Ik geef over. Nog een keer, en nog tien keer. Ik kan niet meer stoppen met kotsen. Twee uur lang kots ik mijn maag binnenstebuiten, net zolang tot er niets meer is om uit te kotsen. Een paar vage kennissen brengen me in mijn Porsche naar een hotel in de buurt en laten er de sleutels achter bij de receptie. Als ik de volgende morgen wakker word, weet ik niet waar ik ben en wat er precies is gebeurd. Mijn slapen bonken, mijn hersenpan doet zoveel pijn dat het lijkt of er een kabouter met een drilboor in peurt. In de uren erna komt mijn geheugen langzaam maar zeker terug – ik zie de avond ervoor in flarden voorbijkomen. Ontbijten lukt me niet. Ik koop een flesje ijsthee bij een automaat en drink het op – een paar minuten later komt het er in omgekeerde richting weer uit. Ik stap in mijn auto en kijk naar mezelf in de achteruitkijkspiegel: mijn gezicht is grijsgroen. Kotsmisselijk rij ik terug naar Lucca. Daar ga ik op mijn bed liggen. Ik voel me alleen, zo godsgruwelijk alleen, dat ik een ticket naar Nederland boek. Ik wil naar Dirkshorn, naar mijn papa en mama. Ik neem me voor om nooit meer te drinken, om te stoppen met mezelf kapot te maken. Ik vlieg de dag erop naar Schiphol – mijn vader staat me op te wachten. Hij omhelst me, ik moet op mijn tong bijten om niet te gaan huilen. In de auto legt hij zijn hand in mijn nek, net als dat hij vroeger deed toen we naar oma fietsten. Thuis in Dirkshorn kom ik langzaam maar zeker een beetje bij. Maar na een paar dagen begint het weer te kriebelen. Ik ga naar Mystery Land, drink er een paar drankjes. Ik voel me weer het mannetje. Ik zeg mijn ouders gedag, ik boek een ticket terug naar Italië – en daar begint het liedje weer van voren af aan.

In oktober wordt mijn schorsing uitgesproken. Ik krijg geen strafvermindering. Twee jaar lang mag ik geen wedstrijden fietsen. Ik kan het niet aan om eraan te denken. Aan langetermijnplanning heb ik nog nooit gedaan: overmorgen voelt al als ver weg. Hoe moet ik twee jaar overzien? Twee jaar of tienduizend jaar – het is voor mij hetzelfde. Het peloton is heel, heel ver weg. Ik heb alleen nog af en toe contact met vrienden als Michiel Elijzen. Van oud-ploeggenoten bij Rabobank hoor ik niets. En ik ben te trots om ze zelf te bellen. Nu pas merk ik dat ik de afgelopen jaren nauwelijks sociale contacten heb onderhouden. Ik heb vriendschappen laten verwateren. Nu ik vrienden nodig heb, is er nauwelijks iemand meer te bekennen.

Ik draai rondjes in dezelfde vicieuze cirkel. Ik voel me een klootzak omdat ik vind dat ik mijn vriendin en mijn ouders behandel als zakken vuil – daardoor verwijder ik mezelf van ze. En om de eenzaamheid en mijn eigen gedrag te vergeten ga ik drinken, waardoor ik nog me nog meer als een klootzak gedraag. Linda, mijn ouders, Kees en Karien – ze proberen me te steunen, maar ik laat me niet steunen. Ik reageer mijn frustraties af op degenen die het dichtst bij me staan; de mensen van wie ik het meeste houd behandel ik het slechtst. Liefde en haat vervlechten zich met elkaar, als de draadjes van je telefoonoordopjes, totdat ze een onontwarbare kluwen zijn. Ik verwijder mezelf van de mensen die van me houden; ik wil mezelf uit hun levens gummen. De dagen lijken allemaal op elkaar. Ik drink, ik ga uit, ik word wakker om een uur of één in de middag, en daarna begin ik weer te drinken. Ik raak mijn rijbewijs voor acht maanden kwijt omdat ik net buiten de stadsmuren van Lucca met drank op word gepakt als ik terugrijd na een nachtje doorhalen in een discotheek.

Ik heb nergens meer zin in. Ik heb geen doel. Geen wedstrijden waar ik naartoe kan leven, geen ambities om waar te maken. Ik ga slapen met een gevoel van oneindige leegheid en ik word wakker met een gevoel van een nog oneindigere leegheid. Soms schiet het door mijn hoofd dat het allemaal niet meer hoeft voor me. Dat het niet erg zou zijn als ik niet meer wakker zou worden. Ik heb nooit concreet overwogen om zelfmoord te plegen. Maar als er toen een knopje zou zijn geweest waarop ik alleen maar hoefde te drukken om ervanaf te zijn, dan had ik het misschien wel gedaan.

In het nieuwe jaar ga ik op skivakantie in Madonna di Campiglio. In zeven maanden tijd heb ik een hooguit een handvol keer gefietst. Ik ben zestien kilo aangekomen. Als ik in een restaurant zit, kijk ik naar mijn buik: de onderste drie knopen van mijn overhemd zijn opengebarsten en er hangt een pensje over mijn spijkerbroek. Er is niets meer over van het lichaam waarmee ik in de lente nog met de beste renners ter wereld omhoog reed. Maar zelfs de aanblik van mijn buik is geen reden om mezelf een schop onder de kont te geven en te gaan trainen. In plaats daarvan bestel ik nog een fles wijn.

Ik ben constant op de vlucht voor mezelf. In het eerste jaar na mijn schorsing geef ik alleen al anderhalve ton uit aan vakanties. Maar waar ik ook naartoe ga, ik ga altijd met mij mee.

25.

Ik puil uit. Het blauwe wielerpak dat ik aan heb, trekt en knelt aan alle kanten. Vorig jaar paste ik het nog, nu lijk ik op een rollade. Ik kijk naar mezelf met een mengeling van verbazing en afschuw – een paar meter verderop rollen Johan Vansummeren en Dirk Bellemakers over de grond van het lachen. Het is een van de eerste keren na anderhalf jaar lanterfanten dat ik weer op de fiets stap. We rijden een toertocht op de mountainbike, ergens in een Brabants bos. Ik houd Dirk en Summie nog geen vijfhonderd meter bij: ze lossen me al voordat we goed en wel vertrokken zijn. Er zijn twee afstanden: de veertig kilometer en de vijfentwintig kilometer. Zij rijden de veertig, ik de vijfentwintig. Ze zijn eerder terug dan ik. Ik voel me een sukkel.

In de eerste winter van mijn schorsing train ik niet; ik fiets alleen af en toe een stukje. Ik doe maar wat. Ik probeer mijn karretje aan te haken wanneer Dirk en Summie, die vlak bij mijn huis in Lommel wonen, gaan fietsen. Dat gaat met hangen en wurgen: door de modder kan ik ze niet volgen, en wanneer we op de weg fietsen, hang ik alleen maar in hun wiel.

Ik heb geen uitzicht op een nieuwe ploeg: er zijn geen aanbiedingen, er is zelfs geen vage interesse. Ik had gedacht dat ik wel weer een nieuwe kans zou krijgen als ik mijn bek zou houden, net als de generaties gepakte dopinggebruikers voor me. Maar het wielrennen is veranderd. Er zijn zoveel dopingaffaires geweest dat alle ploegen het gevoel hebben dat ze onder het vergrootglas liggen. De meeste teams geven niet zomaar meer contracten aan renners die terugkomen van een schorsing. En als ze het wel doen, dan zijn het vaak Spaanse en Italiaanse ploegen die gevallen vedetten uit hun eigen land opvissen. Ik ben geen Spanjaard of Italiaan. En de ploeg waarbij ik vroeger doping gebruikte, wil me nog niet terug als ik ervoor zou betalen. Ik merk dat mijn plan om te zwijgen over mijn dopinggebruik averechts werkt: ik schrik er alleen maar meer ploegen mee af. Om me heen beginnen meer en meer ex-gebruikers te praten. David Millar schrijft een boek en krijgt wél weer een kans in het peloton.

Halverwege mijn schorsing bel ik Martijn en Eelco Berkhout op, schoorvoetend. Ik weet dat ik ze twee jaar geleden genaaid heb door achter hun rug om via Jacques Hanegraaf bij Lotto te tekenen. Toch willen ze me helpen, maar alleen op hun voorwaarden. Daar hoort bij dat ik moet praten. Ik moet op de biechtstoel. Ik moet mensen vertellen wat ik heb gedaan en ze ervan overtuigen dat ik het niet opnieuw zal doen. Ik moet mijn trots laten varen. Ik weet niet of ik dat wil, of ik dat kan. Het is de moeilijke weg; ik kan ook gewoon mijn bek dichthouden en hopen dat er een Italiaanse B-ploeg opduikt die me wel een contractje geeft. Dan hoef ik niet te praten, dan hoef ik niet in de spiegel te kijken, dan hoef ik niet door het stof. Ik twijfel, ik twijfel en als ik klaar ben met twijfelen, dan twijfel ik nog meer.

Het is niet zo dat ik van de ene op de andere dag van opvatting verander: het is een proces. Ik ben een mammoettanker; stukje bij beetje draai ik bij. Maar uiteindelijk laat ik me overtuigen door Martijn en Eelco. Ik praat. Een beetje dan. Er komt een boek over me uit waarin ik iets loslaat over mijn dopinggebruik, ik laat documentairemaker Geertjan Lassche me een tijdlang volgen, ik vertel publiekelijk dat ik bloeddoping heb gebruikt – zonder details, zonder namen, zonder rugnummers.

Martijn en Eelco slagen er eind 2010 in zowaar een oriënterend gesprek met ploegmanager Jonathan Vaughters van Garmin voor me op te zetten. We spreken elkaar in een restaurant in Parijs. Hij is geïnteresseerd, er is een klik tussen ons, maar hij wil weten wat ik allemaal heb gebruikt. Vaughters vraagt. Ik noem, met horten en stoten, een lijstje verboden middelen op. 'Epo, bloedzakken, testosteron, cortisonen, Dynepo.' Hij hoort het aan met klapperende oren. Hij loopt al een tijdje mee in het wielrennen en is wel iets gewend, maar hij had niet verwacht dat ik op zo'n jonge leeftijd al alles deed wat God verboden had. Ik vertel hem niet de details. Dat doe ik tegen niemand. Ik wil de waarheid vertellen, maar wel een zo beperkt mogelijke waarheid. Ik zit tussen de wal en het schip. Ik wil niet zwijgen, maar ik wil ook niet écht praten. Dat lijkt misschien nogal hypocriet, maar voor mij is het op dat moment al een grote stap. Een zo klein mogelijke waarheid vertellen is al een stuk beter dan liegen.

In de winter voordat mijn schorsing afloopt, probeer ik iets te doen dat op trainen lijkt. Dat gaat ronduit slecht. Het duurt lang voordat ik de overtollige kilo's kwijt ben. Mijn conditie verbetert, maar snel gaat het niet. Ik trap de uren weg, maar zonder een spoor van overtuiging. Het is meer bezigheidstherapie dan training. Zonder doel en zonder ploeg voel ik me afgestompt. Ik vraag me af waar ik het allemaal voor doe. De onzekerheid vreet aan me. Ik slaap er slecht van, ik kan me niet concentreren. Ik leef er niet voor honderd procent voor; zelfs niet voor vijftig. Ik had terug moeten gaan naar de basis. Terug naar Noord-Holland, voor mijn part, trainen achter de brommer van mijn vader. Maar dat doe ik niet. In plaats daarvan leef ik een verknipt bestaan: ik woon in Lommel, Lucca en Luyksgestel tegelijk. Ik vlieg over en weer, maar nergens vind ik wat ik zoek. Ik vul mijn dagen met niets. Ik ga soms drinken uit verveling, ik loop rondjes door Lucca met mijn handen in mijn zakken en mijn ziel onder mijn arm. Van het plan om samen te wonen met Linda komt niets terecht. Ik stel het uit, keer op keer. Ik zeg tegen haar dat ik mijn dopingschorsing moet verwerken, maar onbewust speelt er wel meer. Ik doe wel alsof ik een volwassen vent ben, maar ondertussen ben ik ook nog steeds een jochie dat van het ene gezin naar het andere vlucht. Hoe kan ik voor Linda zorgen als ik niet eens voor mezelf kan zorgen? Ik heb het nog nooit gedaan. Er is altijd voor míj gezorgd; waar ik ook was, het draaide altijd om mij. Ik kan nog geen ei bakken: de fornuizen in mijn huizen in Lucca en Lommel zijn nog nooit gebruikt. In mijn keuken staat nog niet eens een koffiezetautomaat. Ik heb hooguit vijf keer in mijn leven in een supermarkt gestaan. Ik weet meestal pas 's morgens waar ik 's avonds slaap, afhankelijk van wie er een leeg bed en een volle koelkast heeft. De was heb ik nog nooit gedaan. Het enige huishoudelijke werkje dat ik doe als ik in Lommel ben, is het tapijt stofzuigen met een veel te dure Zweedse stofzuiger; ik zuig het tapijt in keurig rechte banen. Soms ben ik twee uur aan het stofzuigen. Het is bijna obsessief. Alsof ik er iets van structuur in de chaos mee wil creëren. Maar je kunt de chaos niet uit je hoofd zuigen met een stofzuiger.

In december 2010 ga ik met Summie en Dirk op trainingskamp naar Lanzarote. Althans: ik ben het van plan. De avond voordat we ernaartoe vliegen, vier ik de verjaardag van Karien in Luyksgestel. Ik drink witte wijn. Ik kan er blijven slapen, maar ik moet mijn koffers nog pakken, dus ik besluit om naar Lommel te rijden. Mijn rijbewijs ben ik nog steeds kwijt, maar dat negeer ik voor het gemak maar even. Het is een kilometer of zes naar mijn huis in Lommel: er gebeurt vast niks. Ik pak de auto van Karien, een Mini Cooper S cabrio. Ik stap in, start de auto en rij de straat uit. Het is twee uur 's nachts, het waait hard en het regent. Ik rij een kilometertje of honderd per uur. Ik heb de route al duizenden keren gereden; ik weet dat er net over de grens naar België een slingerbocht ligt. Daar let ik even goed op. Maar net na die bocht krijg ik een berichtje op mijn telefoon die op de bijrijdersstoel ligt. Ik kijk naar rechts, heel even maar – ik heb niet door dat mijn handen ook een heel klein beetje naar rechts afwijken.

Die ene boom heb ik nooit gezien.

De klap is enorm. De rechtervoorkant van mijn auto is in één klap weg, het stuur wordt uit mijn handen geslagen. Ik ga over de kop, nog een keer, en nog een keer. Ik zie alles om me heen tollen. De airbags schieten eruit, de ramen versplinteren, de spiegels breken af, ik zie in een flits een los wiel door de lucht vliegen. Honderdvijftig meter later kom ik tot stilstand, rechtop. Ik kan de zwarte hemel zien: het dak is weggebrand door de aanraking met het asfalt. De motor is afgeslagen; het enige dat ik hoor zijn mijn eigen gehijg en de regen die op de splinters van de ramen valt. De airbags zijn rood van het bloed. Ik voel een stekende pijn in mijn hand; ik kijk ernaar en zie het bot. Het bloed gutst eruit. Ik probeer de deur te openen: het lukt niet. Ik sla het versplinterde glas uit de deur aan de bestuurderskant en wurm mezelf eruit. Ik ben zo verdwaasd dat ik weer in de auto klim om mijn telefoon te zoeken en te proberen de motor weer te starten. Pas als ik mijn pogingen staak en voor de tweede keer buiten sta, zie ik dat er vrijwel niets meer over is van de auto. De Mini is veranderd in een pakketje schroot. Er zit nog maar één wiel aan. Ik staar naar het wrak met mijn handen in mijn haar en vraag me af hoe het mogelijk is dat ik het heb overleefd. Dat ik welgeteld één diepe wond heb, in mijn hand, en verder niets. Ik loop om de auto heen en zie dat de passagierskant compleet is weggeslagen. Aan wat er zou zijn gebeurd als er iemand naast me had gezeten, wil ik niet denken.

Dan hoor ik het geluid van een naderende auto. Die komt mijn kant op. Ik zwaai; de auto stopt. Er zitten twee jonge jongens in. Ze kijken me met grote ogen aan. De bestuurder zegt: 'Gaat het?' Ik knik en antwoord: 'Ja, maar ik moet hier weg. Ik heb gedronken.' De jongens kijken elkaar aan. 'Wij ook.' Daarna scheuren ze weg. Ik wikkel mijn Gucci-sjaaltje om mijn bloedende hand en begin te lopen, terug naar Luyksgestel. Eerst rustig, met trillende benen. Maar als ik in de verte, achter me, blauwrode zwaailichten van een politieauto zie naderen, begin ik te rennen. Een dopingschorsing is al bijna te veel voor me; ik wil niet ook nog de cel in.

Vier kilometer ren ik terug naar Luyksgestel, met de daver op het lijf. Als ik aanbel bij Kees en Karien ben ik nat van de regen, het bloed en het zweet. Karien doet open; ze schrikt zich een ongeluk. Ze begint te huilen. Kees komt naar beneden in zijn onderbroek – hij lag al op zijn bed. Ik ben compleet de weg kwijt; ik roep dat ik een ongeluk heb gehad en dat we de auto meteen moeten wegslepen voordat de politie de auto vindt. Maar daarvoor is het al te laat. Door het raam zien we hoe een politieauto de straat in rijdt. Kees roept: 'Lichten uit, lichten uit!' Hij zegt tegen Karien en mij dat we naar boven moeten gaan en stil moeten zijn. Kees trekt zijn kleren aan, doet de deur open en stapt naar buiten. Hij loopt naar de politiewagen toe en zegt: 'Ik heb net een ongeluk gehad. Ik ben opgehaald door mijn zoon. Ik ben zo geschrokken. Heeft u de auto gezien?' De politieagent schudt zijn hoofd. 'We zijn van de Nederlandse politie. We zijn gebeld door onze Belgische collega's.' Dat is maar goed ook; als de politieagent zelf het wrak had gezien, dan zou hij nooit hebben geloofd dat Kees er met zijn postuur zonder een schrammetje op zijn lichaam uit had kunnen kruipen. De agent laat Kees blazen: hij drinkt nooit alcohol, dus dat is geen probleem. Zodra de politieauto de straat uit is, brengt de zoon van Kees me naar het ziekenhuis in Veldhoven om mijn hand te laten hechten.

Ik mis mijn vlucht naar Lanzarote; Kees brengt Dirk en Johan zonder mij naar het vliegveld van Charleroi. Ik land pas een paar dagen later op Lanzarote, met een ingezwachtelde hand. Dirk en Johan hebben de twee beste slaapkamers in ons geboekte hotel ingepikt: ze leggen een matrasje voor me neer in een piepklein kamertje en zeggen dat ik er mijn zonden maar eens moet gaan overdenken. Gek genoeg doe ik dat. Het ongeluk is een wake-up call voor me. Met drank op en zonder rijbewijs in een auto stappen: hoe dom ben ik eigenlijk? Ik besef dat het ook anders af had kunnen lopen. Dat ik mezelf of iemand anders dood had kunnen rijden.

Maar ik schaam me ook. Er is altijd wat met mij. Of het nu mijn ouders zijn, Kees en Karien, Linda, of de vrienden die ik nog over heb: ik bezorg ze alleen maar problemen. Ik stel hun geduld keer op keer op de proef. Ik snap de kinderen van Kees die tegen hem zeggen dat het hartstikke leuk is, die wielrenner die zo vaak over de vloer komt, maar dat er ook grenzen zijn.

Ik lieg noodgedwongen over mijn ongeluk. Tegen mijn ouders zeg ik niets: ik wil ze ontzien. In de camera van Geertjan Lassche zeg ik dat ik met mijn hand door een ruit ben gevallen. Maar met elke leugen die ik vertel haat ik mezelf meer. Het is te veel. Het is genoeg.

Al die leugens: ik word er zo moe van.

26.

Volgens mij was hij een neefje van mijn overbuurjongetje. Hij was nogal mollig, hij had een bril met jampotglazen en als hij rende dan moest je goed kijken welke kant hij op bewoog, zo langzaam ging hij. Als we gingen voetballen op het trapveldje om de hoek wilde niemand hem in zijn team. Hoe we het oplosten weet ik niet meer, maar het dikke jochie met zijn jampotglazen heeft geen bal geraakt.

Nu, meer dan twintig jaar later, weet ik hoe hij zich gevoeld moet hebben. Ik bén het dikke jochie met de jampotglazen; geen ploeg wil me hebben. Ook niet nu mijn schorsing is afgelopen, halverwege 2011. Ergens ver, ver op de achtergrond speelt er nog steeds wat vage interesse van Garmin, voor de rest is het oorverdovend stil.

Uit pure armoede ga ik maar Belgische kermiskoersen rijden; ik moet toch iets. Ik krijg een fiets van Ralph Salden – een van de eigenaars van de Limburgse fietsenwinkel waar ik in een ver verleden kwijlend voor de etalage stond. Hij geeft me ook schoenen en kleding. De kleuren: wit en zwart, zonder sponsor. De eerste kermiskoers die ik rij is in Sint Niklaas. Er is een kerk, er is een frituur en er staan tweehonderd criteriumpiloten aan de start. We rijden honderdmiljoen rondjes in een walm van frituur en massageolie – verder weet ik er niets meer vanaf. Ik haal er geen voldoening uit. Van de Tour de France naar de kermiskoers van Sint Niklaas – het is alsof ik een andere sport beoefen. Ik ben Lady Gaga die na concerten in stadions als de ArenA ineens moet spelen in buurthuis De Schele Zeemeeuw in Koekwauzerveen.

In de weken erop sta ik aan de start van nog een stuk of twintig kermiskoersen. Met Kees en Karien werk ik ze een voor een af. Kees achter het stuur, Karien met een zak krentenbollen en broodjes kaas ernaast. We rijden kriskras door Vlaanderen, met Adele op de radio.

In augustus komt er een opening. Nou ja, een openingetje. De deur naar het profpeloton wordt een heel klein beetje opgezet door Jonathan Vaughters. Maar voordat hij überhaupt overweegt om me een kans te geven, wil hij dat ik aan een waslijst van voorwaarden voldoe. Hij stuurt het stappenplan op per mail. Als ik de eisen zie, zakt de moed me in de schoenen. Ik moet zo veel mogelijk openheid geven. Dat wil zeggen: ik moet praten over mijn dopinggebruik zonder dat ik mezelf weer een schorsing op de hals haal. Ik moet een brief schrijven naar het WADA waarin ik mijn medewerking aanbied. Ik moet Pat McQuaid, de voorzitter van de UCI, overtuigen van mijn goede intenties. Ik moet met David Millar praten – Vaughters ziet in hem het lichtend voorbeeld van hoe je moet bekennen en kunt terugkeren na een dopingschorsing. Ik moet bloedtesten laten doen, elke maand. Ik moet fysieke testen doen zodat ze mijn vooruitgang in de gaten kunnen houden. Ik moet in gesprek met de CEO van Garmin – het bedrijf dat de ploeg sponsort om hem te vertellen dat hij met mij niet het Paard van Troje binnenhaalt. Ik moet beginnen bij Chipotle, de opleidingsploeg van Garmin. En ik moet de Duo Normand winnen, een koppeltijdrit in Normandië, die Vaughters in een ver, ver verleden zelf ook eens gewonnen heeft.

Ik hap toe. Een keuze heb ik trouwens niet: Vaughters is de enige die me een strohalmpje biedt. Begin augustus 2011 sta ik aan de start aan de Ronde van Portugal als renner van Chipotle. Mijn officiële rentree maak ik in de proloog, waarin ik 16e word. Ik ben terug in een echte koers, maar het voelt verre van vertrouwd. Ik ben de oudste van de ploeg; aan tafel zitten alleen maar jochies van vijf jaar jonger om me heen. Raymond Kreder, Alex Howes, Lachlan Morton – een nieuwe generatie. Ik voel een generatiekloof. Ze zijn bezig met wielrennen, en verder niets. Voor die ventjes is doping iets uit een ver verleden en een melkwegstelsel hier vandaan. Ik ben jaloers op ze. Op hun onschuld, hun naïviteit. Ik heb heimwee naar mezelf toen ik twintig was, naar de tijd dat alles nog vanzelf ging. Naar het moment voordat ik de donkere hotelkamer van Fuentes binnenging. Ik ben klaar met doping. Ik wil het niet meer. Het heeft voor zoveel ellende gezorgd. Mijn ambities heb ik bijgesteld. Ik hoef geen grote koersen meer te winnen; ik ben al blij dat ik weer wielrenner ben.

In de koers word ik zoek gereden. Mijn lijf doet niet wat

mijn hoofd wil en de Portugezen rijden met kerosine in hun bidons. Na een dag of wat begint mijn knie pijn te doen doordat ik met andere pedalen moet rijden dan ik gewend ben. Ik stap af. In de weken erna rij ik nog een paar eendaagse koersen voor Chipotle, zonder aansprekende resultaten. Het geeft niet veel vertrouwen voor de Duo Normand, halverwege september. Ik rij de koppeltijdrit samen met Johan Vansummeren. Kees brengt ons naar Normandië. Het is er kloteweer. De dag van tevoren rijden we onze benen los op de roller in het hotel terwijl het buiten stormt. Op de dag van de koers is het weer niet veel beter. Het regent, het waait, de hemel is donkergrijs. Na een paar minuten zijn we al zeiknat. Maar we rijden wel hard. Dat wil zeggen: Johan rijdt hard. Hij doet driekwart van het kopwerk, ik zit te sterven in zijn wiel. Maar het is genoeg. We winnen.

Het is al met al geen spetterende comeback, maar wel voldoende om de interesse van Vaughters warm te houden. Ik krijg een uitnodiging voor het eerste trainingskamp van de profploeg van Garmin, in Boulder, Colorado. Vaughters wil zien hoe ik in de groep lig. In november 2011 vlieg in naar Denver, waar ik word opgehaald door een van de soigneurs. We rijden naar het hotel, waar iedereen al aan tafel zit als ik aan kom. Ik heb een jetlag en wil het liefst meteen mijn bed in duiken, maar toch eet ik wat mee. Sommige renners – zoals Ryder Hesjedal, David Millar en David Zabriskie – ken ik, andere heb ik nog nooit gezien. Na het eten is er een bespreking. Ik loop achter de rest aan naar een vergaderzaaltje. Daar is Vaughters. Hij vertelt een paar dingen over sponsoren en het nieuwe jaar, ik zit knikkebollend op de achterste rij. Ineens zegt hij: 'Thomas wil ook wat zeggen.' Hij wenkt me: 'Kom maar naar voren, Thomas.' Ik schrik op en kijk om me heen. Ik zie dertig paar ogen op me gericht. Ik sta op en loop aarzelend naar voren. Het is stil. Ik schraap mijn keel. Ik ben hier totaal niet op voorbereid. Ik voel me heel klein. Ik stamel, in het Engels: 'Hallo allemaal. Ik ben Thomas Dekker. Ik ben twee jaar geschorst geweest vanwege doping. En euh... euh... ik zou graag weer een toekomst hebben in het wielrennen. En Garmin is een mooie ploeg.' Daarna zeg ik nog een keer dat ik een toekomst in het wielrennen zou willen hebben. Ik heb een brok in mijn keel. Ik val stil. Ik sta zwijgend en zwetend voor een groep wielrenners en ik weet niet meer wat ik moet zeggen. Vaughters verlost me uit mijn lijden. David Millar en Christian Vande Velde komen naar me toe; ze zeggen dat ze met me te doen hebben. Ik knik. Ik ben kwetsbaar. Ik heb al mijn trots overboord gezet. Ik weet niet wat de bedoeling van Vaughters was, maar hij had me alles kunnen laten doen. Als hij tegen me had gezegd dat ik op mijn knieën rondjes door de zaal had moeten kruipen, dan had ik het ook gedaan.

In de dagen erna doe ik mee met het groepsprogramma. Het is meer teambuilding dan training. Het seizoen is pas net afgelopen; de meeste renners zitten in hun rustperiode. We gaan een keer mountainbiken, de andere dagen wandelen we in de bergen of leggen we een hindernissenparcours zo snel mogelijk af. 's Avonds drinken we wat met z'n allen. Daar ben ik goed in, dus ik doe mee. Om de hoek van het hotel zit een stripclub; we hangen er een paar avonden rond. Sommige renners nemen een lapdance bij de danseressen. Op een van de avonden besluit ik mee te doen: ik wissel een zootje dollars en vraag om een lapdance. Een blond meisje geeft me er eentje. Daarna wil ze me er nog eentje geven – ik betaal blijkbaar goed. Maar dat hoeft niet van mij. 'Een lapdance heeft niet veel nut,' zeg ik tegen haar. Ze kijkt me aan. 'Eigenlijk niet hè?' zegt ze, 'Het is veel leuker om elkaar na afloop in het echt te zien.' Ze vraagt me om mijn telefoonnummer. Een uur of twee later, als ik inmiddels al in mijn bed lig, krijg ik een berichtje van haar. Of ik nog zin heb. Ik antwoord met Yes. Ze stuurt me haar adres. Heel even twijfel ik: ik moet om zeven uur weer aan het ontbijt zitten en Garmin is mijn enige kans om terug te keren in het profpeloton. Maar mijn lul wint het van mijn verstand. Ik trek een broek en een shirt aan en sluip de kamer uit om mijn slapie niet wakker te maken. Ik loop het hotel uit en houd een taxi aan. Ik vertel de chauffeur het adres dat ik heb gekregen. Hij knikt en begint te rijden. Tien minuten, twintig minuten, een halfuur. Ik vraag hem of we er al bijna zijn. Hij schudt zijn hoofd en zegt dat het nog wel een halfuur is. De taximeter loopt op. Honderdveertig dollar en meer dan een uur later komen we aan bij een dorpje dat Lakewood is. Het is inmiddels vijf uur in de morgen. Ik stap uit bij een klein huisje en bel aan. Het blonde meisje doet open in een joggingbroek en een T-shirtje. Ik loop achter haar aan naar haar slaapkamer. Het huis is één grote chaos: het stinkt er naar wiet. Ik duik met haar het bed in. Een halfuur later, denk ik ineens aan mijn contract bij Garmin. Ik kijk op mijn horloge en zie dat het al halfzes is. Ik schiet in de stress. Ik spring uit bed, trek mijn kleren aan en roep naar het meisje dat ze een taxi moet bellen. Ze kijkt boos naar me, maar ze doet het wel.

Het duurt een eeuwigheid voordat de taxi er is. Ik ijsbeer door de kamer en ik kan niet ophouden met kijken naar mijn horloge, waarop de minuten en mijn kansen op een contract wegvloeien als zand tussen mijn vingers. Het is alsof ik het erom doe. Het is meer dan domheid of de weigering om de consequenties van mijn gedrag te zien. Het is elke keer hetzelfde patroon: ik saboteer mezelf. Ik maak alle mooie dingen in mijn leven kapot. Mijn lichaam, mijn carrière, mijn relatie, mijn vriendschappen. En misschien doe ik het de laatste jaren wel expres. Ik ben geen psychopaat zonder geweten. Ik ben geen macho zonder gevoel. Ik ben geen klootzak zonder medeleven. Ik ben geen slecht mens – althans, dat denk ik zelf niet – maar ik gedraag me soms wel zo. Ergens zit iets in mij dat vind dat ik mooie dingen niet verdien. Een nieuw contract, een lieve vriendin – ik vraag me af of ik het waard ben. Een deel van mij saboteert mezelf om mijn eigen gelieg en bedrieg te bestraffen.

Eindelijk, eindelijk komt de taxi eraan. Ik duik erin, geef het adres aan de chauffeur en roep dat hij hard moet rijden. Een uur lang scheuren we door Colorado; in het licht van de opkomende zon ziet de wereld er hard en rauw uit. Geil of dronken ben ik allang niet meer; ik heb een bonkende koppijn. Om vijf voor zeven arriveren we bij het hotel; ik vraag de chauffeur om me om de hoek af te zetten. Ik ren naar de voordeur, sluip de lobby door zodat niemand me ziet. Ik kijk om het hoekje van de ontbijtzaal: daar zitten de eerste renners al. Ik neem de lift naar mijn kamer; mijn slapie is al weg. Ik moet eigenlijk meteen andere kleren aantrekken en naar beneden rennen, maar ik ga op de rand van mijn bed zitten, met mijn hoofd in mijn handen. Waar ben ik allemaal mee bezig? Om tien over zeven wordt er op de deur gebonsd. Het is Charly Wegelius – een van de ploegleiders van Garmin, maar ook nog een halfjaartje mijn ploeggenoot bij Lotto. Charly ziet aan me dat het laat is geworden: ik heb wallen zo diep dat het echoot als ik met mijn ogen knipper. Ik wil niet tegen hem liegen. 'Ik heb iets doms gedaan, Charly.' Hij schudt zijn hoofd en zet me onder de koude douche. Vijf minuten later zit ik aan het ontbijt.

Diezelfde dag komt Vaughters naar me toe. Hij wil dat ik de eigenaar van Garmin – het bedrijf dat de wielerploeg sponsort – ontmoet. Ik schud zijn hand en vertel het verhaal van mijn wielerloopbaan nog een keer. De man knikt, Vaughters knikt. Het is goed zo. Ik krijg een contract voor één jaar. Mijn salaris: 35.000 euro, het minimumloon in de hoogste divisie van het wielrennen. Maar dat maakt me geen reet uit; voor niets had ik het ook gedaan. Nadat ik mijn handtekening onder mijn contract heb gezet, slaak ik een zucht van verlichting. Ik ben weer profwielrenner.

27.

Eigenlijk hoef ik nog maar aan een paar eisen van Vaughters te voldoen. En die komen allemaal op hetzelfde neer. Ik moet praten. Dat ik doping heb gebruikt: vooruit, daar kan hij inkomen – dat heeft hij zelf ook gedaan. Maar hij accepteert niet dat ik mijn bek heb gehouden bij gesprekken met de Franse bond. Die fout moet ik nu zelf corrigeren: hij stuurt me naar het Wereld Anti-Doping Agentschap met de boodschap: 'Tell them.'

En dus zit ik op 10 januari 2012 op een advocatenkantoor in Brussel tegenover een man in een net pak. Hij heet Olivier Niggli en hij komt namens het WADA. Martijn en Eelco Berkhout zijn erbij. Ik vertel mijn verhaal precies zoals ik dat aan Vaughters heb verteld. Wel welke middelen ik heb gebruikt, niet de details. Maar Niggli is niet bijster geïnteresseerd in mijn verleden. Hij wil weten wat er nú wordt gebruikt in het peloton. Ik zeg dat ik dat niet weet: de laatste keer dat ik doping gebruikte is al een paar jaar geleden. De afgelopen seizoenen fietste ik niet in een peloton; ik lag met mijn pensje op het strand. Hij blijft er toch naar vragen. En elke keer zeg ik dat ik dat niet weet. Het is bijna een sketch. Na een uurtje is hij klaar met vragen. Hij zegt dat hij contact met me opneemt, dat ze me bij het WADA graag nog een paar keer willen spreken. Ik hoor er nooit meer wat van.

Het gesprek met Niggli is niet bepaald een doorbraak. Maar het helpt me wel om mezelf verder los te weken van de oude omertacultuur. Voorheen zag ik autoriteiten als het WADA als de vijand, nu zit ik ermee om tafel. Het is een gebaar naar Vaughters toe, maar nog veel meer naar mezelf. Ik neem afstand van mijn oude ik en van de gebruiken bij mijn oude ploegen. Bij Garmin doen ze niet aan verzonnen cortisonenattesten, de ploegartsen hebben geen verleden in de zwartste periode van het wielrennen. Vaughters wil zijn team afficheren als *The Clean Team* – open en transparant. Of dat lukt weet ik niet, maar er wordt in elk geval genoeg tijd en energie in gestopt. Voor mij is het een totaal nieuwe ervaring. We worden aangemoedigd openlijk over doping te spreken. In mijn tijd bij Rabobank waren we deel van het systeem; bij Garmin willen ze het systeem veranderen. Ze zien in dat doping het wielrennen wurgt. Dat het sponsoren en publiek wegjaagt, dat het renners opbrandt.

Vaughters probeert de anti-Lance te zijn, de tegenhanger van de oude dopingcultuur. Misschien is het naïef, maar het is wel aanstekelijk. Door Vaughters kijk ik op een andere manier naar dope. En dat is maar goed ook. Want ik weet niet wat er zou zijn gebeurd als ik na mijn schorsing in een dubieus Spaans of Italiaans ploegje terecht zou zijn gekomen. Ik zou niet naar doping op zoek zijn gegaan – maar wat als ik het voor mijn voeten geworpen kreeg? Ik zou er niet mijn hand voor in het vuur durven steken dat ik dan niet wéér uit het verboden potje zou hebben gesnoept. Ik zie mezelf als een kameleon. Ik pas me aan mijn omgeving aan. Als die zwart is, dan word ik ook zwart. Als die smurfenblauw is, dan word ik ook een Smurf. Ik ben altijd bezig met wat er om me heen gebeurt; op zoek naar prikkels, naar afleiding. Ik ben de ideale tafelgast voor een bruiloft: ik kan met iedereen over alles praten, want ik ben overal in geïnteresseerd. Politiek, voetbaltransfers, kunst, auto's, geld of het haar van de tafeldame van De Wereld Draait Door – ik lul wel mee, ik waai wel mee.

Mijn eerste koers voor Garmin is de Ronde van Qatar. We winnen de ploegentijdrit, ik rij behoorlijk goed en word uiteindelijk 17e in het klassement. In de weken erna probeer ik zo veel mogelijk koersen te rijden om de wedstrijdloze jaren in te halen. Na Parijs-Nice en het Criterium International – waarin ik wel finish maar geen schim ben van het twintigjarige ventje dat daar iedereen aan gort reed – sta ik aan de start van het Circuit de la Sarthe, een kleine Franse rittenkoers. In de laatste etappe wil ik onze sprinter, Raymond Kreder, nog even vooraan afzetten. Ik wring mezelf naar voren, maar ik zie hem niet meer in mijn wiel zitten, dus val ik zelf maar aan. Ik kijk om: ik heb een gaatje. Tot mijn verbazing komt er niemand meer over me heen. Ik win, vlak voor sprinter Nacer Bouhanni. In de weken erna rij ik een paar ereplaatsen bijeen in de Brabantse Pijl, de Amstel Gold Race en de Bayern

Rundfahrt. Het begint zowaar weer ergens op te lijken. Het voedt de hoop dat ik op de weg terug ben.

Die hoop blijkt ijdel. Mijn progressie stagneert. Het is alsof er een glazen plafond is waar ik met mijn hoofd tegenaan beuk. Zolang de wedstrijden niet al te zwaar zijn ben ik nog steeds een goede renner, maar bergop strijd ik tegen mezelf. Voor een deel is het een fysiek probleem: ik weeg 75 kilo, terwijl ik eigenlijk een kilo of vier, vijf lichter zou moeten zijn. Maar het echte probleem zit in mijn hoofd. Ik ben het onoverwinnelijke kwijt. Ik sta niet meer aan de start met vertrouwen, maar met angst. Ik hunker naar mezelf van vóór de dope, maar die Thomas bestaat niet meer. Ik zeul een zwart verleden met me mee.

Daarbij: ik leef niet voor mijn sport zoals ik ervoor zou moeten leven. Het maniakale is verdwenen, de sprankeling gedoofd. Als er vijf uur in mijn trainingsschema staat, dan doe ik vijf uur precies – vroeger had ik er zes gedaan. Ik laat mezelf afleiden, keer op keer. Ik heb verschillende huizen en verschillende vrouwen. Veel minder dan de afgelopen jaren, maar toch: het is te veel. In de oude tijd maakte het niet uit: je flikkerde er epo of een bloedzak in en je was goed. Maar in het wielrennen ná de invoering van het bloedpaspoort is alles anders. Je moet er écht voor leven als je goed wilt zijn; half werk wordt afgestraft. Er zijn bijna geen renners meer die midden in het seizoen nachten doorhalen in discotheken en hoerenkasten. De meesten van mijn ploeggenoten liggen tijdens trainingskampen en voor en na wedstrijden alleen maar op hun bed. Het hedendaagse wielrennen is berekenender, saaier ook. Je moet er méér voor laten dan voorheen. Dat kan ik opbrengen als er genoeg tegenover staat, maar voor mij is een etappe in het Circuit de Sarthe en een achttiende plek in de Amstel Gold Race niet genoeg.

Sporters zijn er goed in om zichzelf voor de gek te houden. Ik hou mezelf voor dat ik het nog wil, dat ik het nog kan – maar ondertussen neem ik genoegen met een bijrol. Het blinkende harnas van zelfvertrouwen waarin ik graag rondparadeer is gemaakt van aluminiumfolie: één keer krassen en het is eraf. Ik worstel me door de Ronde van Spanje heen; in de gruppetto rijden we bergop af en toe zo langzaam dat ik in de slappe lach schiet. Ik herken mezelf niet, ik herken het wielrennen niet. Het enige wat ik in Spanje scoor is een nieuw contract: Vaughters gelooft nog wel in me. Ik krijg twee seizoenen extra bij Garmin – voor 75.000 euro in 2013 en 125.000 euro in 2014. Het komt niet meer in de buurt van wat ik ooit verdiende, maar tegelijkertijd is het een stuk meer dan het minimumloon in de ProTour. Ik ben er eerlijk gezegd wel blij mee.

Mijn contract bij Garmin heeft ook een nadeel: Jacques Hanegraaf denkt dat er geld te halen is bij me. Hij stuurt me een rekening van meer dan 90.000 euro vanwege gederfde inkomsten. Zijn redenatie: omdat ik ben ontslagen bij Lotto wegens dopinggebruik heb ik anderhalf jaar geen salaris verdiend waarover hij commissie zou hebben gekregen. Het is te belachelijk voor woorden: hij ligt zelf nota bene aan de basis van mijn dopinggebruik. Ik betaal geen cent. Er komt uiteindelijk een rechtszaak van, die ik win.

Vlak na de Ronde van Spanje van 2012 ontploft het wielrennen. Het USADA-rapport komt uit: honderden pagina's vol getuigenissen en bewijzen van dopinggebruik bij de US Postal-ploeg van Lance Armstrong. Tyler Hamilton doet zijn getuigenis in het rapport dunnetjes over in een boek dat het kaartenhuis van Armstrong volledig onderuit trekt. Armstrong staat op de top van de berg – zodra hij valt, sleurt hij andere renners en ploegen mee in zijn val. Bij Garmin leggen verschillende ploeggenoten, zoals Dave Zabriskie, Christian Vande Velde en Tom Danielson, bekentenissen af. De sneeuwbal wordt groter en groter, en groeit uit tot een lawine, die ook Nederland bereikt: in het USADA-rapport worden verschillende renners van Rabobank genoemd. De bank is er klaar mee en trekt de stekker uit de ploeg. Dat verandert ook míjn situatie. Aan de ene kant levert het me een hoop gezeik op: het verleden wordt wéér naar boven gehaald en ik word nog maar eens in de schijnwerpers gezet als pakhaas. Maar er is ook een andere kant. Bij veel mensen vallen de schellen van de ogen: ze zien dat ik geen uitzondering was bij Rabobank. Ze zien dat er eigenlijk maar één verschil is tussen mij en veel andere gebruikers: dat ik ben betrapt en zij niet.

Omdat Rabobank stopt met sponsoren, heb ik ook niet langer het gevoel dat ik moet zwijgen voor andere mensen. Voorheen was ik bang dat ik de soigneurs, de mecaniciens en al die renners die er niets mee te maken hadden zou beroven van hun baan als ik mijn mond zou opendoen. Nu is er geen sponsor meer. De weg ligt open. Het voelt als een kans. Ik kan eindelijk de rugzak afwerpen die ik al jaren met me meesleep. De waarheid ligt al jaren in mijn binnenste te rotten, te etteren en te stinken. Ik wil ervanaf. Ik wil praten. Niet een beetje, maar helemaal. De leugens, de valse voorwendselen, de hypocrisie – alles moet eruit. Bovendien ben ik er klaar mee dat wielrennen, de sport waar ik van hou, steeds wordt achtervolgd door het verleden. Als de waarheid niet naar buiten komt, dan blijft de stank van de beerput om de sport heen hangen en verandert er nooit iets. Ik moet er niet aan denken dat mijn neefje, die ook koerst, straks in dezelfde situatie komt als ik op mijn eenentwintigste.

In januari 2013 vertel ik in een interview in *NRC Handelsblad* over mijn tijd bij Rabobank, over de dope, over mijn ploeggenoten, over de ploegartsen. Ik beken dat ik klant was bij Fuentes, onder de schuilnaam Clasicomano Luigi. Ik laat een persbericht uitsturen waarin staat dat ik zal meewerken aan een onderzoek van de Nederlandse Dopingautoriteit. Op de dag dat het persbericht wordt verstuurd ben ik aan het trainen in het Spaanse Calpe in een poging me voor te bereiden op het nieuwe seizoen. Michael Boogerd belt me. Ik neem niet op; ik heb hem in tijden niet gesproken en ik heb geen zin om hem te woord te staan. Hij belt nog een keer. En nog een keer. En nog tientallen keren. Hij houdt niet op met bellen. Ik ben er klaar mee. Ik ben gepakt, ik ben geschorst, ik heb jarenlang mijn bek gehouden, maar dat houdt hier op. Ik wil niet langer de kastanjes voor anderen uit het vuur halen. Ik blijf niet liegen zodat anderen de waarheid niet onder ogen hoeven te komen. Ik wil nú leven, niet in het verleden.

Ik stuur Michael uiteindelijk een berichtje: 'Het is genoeg geweest.'

Het gesprek met de Dopingautoriteit vindt plaats op 4 februari 2013. Het begint vreemd. Ik kom er om ze te helpen, maar aan het begin van het gesprek wordt me door Herman Ram, het hoofd van de Dopingautoriteit, duidelijk gemaakt dat ik opnieuw gestraft zal worden als er nieuwe feiten boven tafel komen. Een nieuwe straf, dat kan zomaar weer een paar jaar schorsing opleveren. Dat voelt oneerlijk. Ik ben al geschorst voor mijn verleden; het is niet zo dat ik ná mijn schorsing doping heb gebruikt. Een stimulans om alles op tafel te leggen is het niet: eerder het tegenovergestelde. Het werpt een schaduw over het gesprek. Maar ik vertel alles wat ik meegemaakt heb. Ik vertel over Hanegraaf, over Fuentes, over Matschiner, over Leinders en Van Mantgem, over de cortisonenattesten van Jan Mathieu. Ik vertel over Boogerd – niet wat hij allemaal geslikt en gespoten heeft, maar wel wat hij me heeft geleerd en hoe hij me aan Dynepo en het nummer van Matschiner hielp. Eén ding laat ik achterwege: dat ik testosteron heb gebruikt – want voor die paar pleisters kan ik nog een keer gestraft worden. Ik weiger me nog langer te laten gebruiken als zondebok: als Ram zo nodig renners wil straffen of met zijn kop op tv wil komen, dan moet hij zijn werk doen.

Wanneer het nieuwe wielerseizoen begint, ben ik uitgeput en bevrijd tegelijk. De rugzak is af, de stinkende waarheid ligt op straat. Maar het voelt ergens ook als afscheid nemen. Van het verleden, en misschien ook wel een beetje van het wielrennen.

28.

Ik ben alleen. Het enige dat ik hoor zijn mijn ademhaling en het geruis van de wielen van mijn tijdritfiets. Het is vroeg in de middag – ver voordat de tv-uitzending begint, ver voordat de kopmannen en de vedetten aan de beurt zijn. Publiek is er op dit tijdstip nog nauwelijks. Als er al een toeschouwer langs de kant staat, dan staart hij of zij me verveeld aan als ik langsrijd. Niemand roept mijn naam. Ooit keek ik uit naar dit soort dagen, ooit verheugde ik me op tijdritten. Maar ooit is niet meer. In de Giro d'Italia van 2013 ben ik niet meer dan pelotonvulling. Zelfs in de tijdrit. Ik doe niet eens mijn best meer. Ik peddel naar de finish in Saltara omdat het moet. Ik word 135e, op bijna acht minuten van Alex Dowsett en Bradley Wiggins.

In mijn eerste jaren als wielrenner was het Heilige Vuur in mij een uitslaande brand. Maar daar is in 2013 niets meer van over. Met het Heilige Vuur is het hetzelfde als met een gewoon huis-tuin-en-keuken-vuurtje: als je het geen hout en zuurstof geeft, dan gaat het uit. Je moet het onderhouden. En dat heb ik niet gedaan. Het vuur in mij smeult hooguit nog een klein beetje.

Ik train op de automatische piloot, ik koers zonder enige ambitie. Martijn en Eelco hebben een Griekse trainer voor me geregeld – het is een poging om me een nieuwe impuls te geven. Vasilis Anastopoulos heet hij, maar hij wordt door iedereen Vasi genoemd. Hij probeert me gestructureerder en serieuzer te laten trainen. Maar ik doe nog niet de helft van wat hij me opdraagt. Ik sleep mezelf van wedstrijd naar wedstrijd. Wielrennen lijkt een sport waarbij het gaat om de sterkste benen en de grootste longinhoud, maar in werkelijkheid is de psychologische factor veel groter dan dat iedereen denkt. Je moet wíllen afzien, je moet je pijngrens verleggen, je moet jezelf de vernieling in kunnen rijden. Ik kan het niet meer. Ik ben het geloof in mezelf verloren; de twijfel heeft zich genesteld in mijn hart. Als we bergop rijden en ik zit aan mijn limiet, dan denk ik dat ik de enige ben – vóór mijn dopingschorsing zou ik zijn gedemarreerd omdat ik wist dat de rest van de groep óók tegen zijn limiet aan zat. Het is alsof ik een andere persoon ben. Vroeger hoefde ik nergens over na te denken en ging alles vanzelf; nu kan ik nachtenlang liggen malen over de kleinste dingen.

Binnen de ploeg is het duidelijk dat er andere renners zijn, zoals Dan Martin en Ryder Hesjedal, die een stuk beter zijn dan ik. Ze rijden hard in de wedstrijden waarin ik vroeger hard reed. Ik ben in mijn koersen nu niet meer dan helper. Ik werk voor de ploeg, word gelost in de finale en fiets naar de streep. Ik schik me in die rol omdat ik geen andere keuze heb. Bij de ploeg ziet niemand meer in me dan knecht. Ik train soms als een natte krant, maar er is niemand die er iets van zegt. In Luik-Bastenaken-Luik hou ik de hele dag Dan Martin uit de wind. Hij wint. Ik vind het prachtig voor hem en voor de ploeg, maar voldoening haal ik er niet uit. Ik ben niet gewend om het hele jaar voor anderen te rijden.

Stoppen met wielrennen komt niet in me op. Wielrennen geeft me een vorm van zekerheid. Ik doe iets wat ik kan, wat ik ken. Ik heb nooit anders gedaan. Ik heb geen diploma, geen opleiding. Ik zou niet weten wat ik met mijn leven aan zou moeten als ik niet zou fietsen. En dus fiets ik door.

Het wordt een sleur. Trainen, eten, slapen, koersen – ik doe het zonder overtuiging en zonder plezier. Buiten het wielrennen is mijn leven, voor mijn doen, ook nogal saai. Ik ga niet naar wilde feesten, ik zuip me minder vaak een stuk in mijn kraag. Ik ontspoor minder dan voorheen. Want als ik niet presteer, dan heb ik ook geen zin om mezelf te laten gaan. Als ik al uitga, dan is het zeker niet om iets te vieren. Eerder uit verveling.

Heel even heb ik het gevoel dat ik het nog kan: aan het eind van 2013 ben ik wekenlang achter elkaar met de ploeg op pad voor trainingskampen en koersen in Noord-Amerika. Zonder de afleiding en de verleidingen van thuis verbetert mijn conditie snel; ik ben magerder dan ik het hele jaar geweest ben. Maar bij de verkenning van de proloog van de Ronde van Alberta sla ik over de kop omdat ik een gat in de weg over het hoofd zie. Ik heb meteen veel pijn aan mijn linkerknie. Volgens de ploegarts van Garmin is het niet nodig om naar het ziekenhuis te gaan. En dus rijd ik dagenlang met een dikke knie rond; eerst in Alberta, daarna in de Grote Prijs van Quebec. De stekende pijn gaat niet weg. Vaughters verbiedt me om af te stappen of naar huis te gaan, maar ik doe het toch. In Quebec boek ik zelf een ticket naar Parijs. Daar pak ik de TGV naar Brussel, waar Kees me ophaalt. We rijden rechtstreeks naar het ziekenhuis in Veldhoven. Ik ga door een MRI-scan. Mijn tibia blijkt te zijn gebroken. Ik stuur Vaughters een mail met de details van de scan, maar ik hoor er nooit meer wat op. De boodschap, al dan niet bedoeld, is duidelijk: ik ben geen belangrijke renner in zijn ploeg.

29.

Vijf jaar nadat we het van plan waren, gebeurt het dan toch: Linda en ik gaan samenwonen. Linda zet me voor het blok. Ze is er klaar mee, met het uitstellen, ze wil het nog een laatste keer proberen – maar dan écht. Óf we gaan definitief uit elkaar, óf we gaan samenwonen. Het wordt het laatste.

We hebben al jaren een soort knipperlichtrelatie. De ene keer is het aan, de andere keer is het uit, en soms weet ik niet eens of het nu aan of uit is. Er is altijd wel iets dat ons uit elkaar drijft. Ik zou kunnen zeggen dat dat aan ons allebei ligt, maar dan zou ik liegen. Het ligt in negen van de tien gevallen aan mij. Ik ga vreemd, ik word gepakt op doping, ik kom lazarus thuis, ik rijd mezelf bijna te pletter – ik saboteer mezelf, en dus ook onze relatie. Er is altijd stress, er zijn altijd bizarre voorvallen of ongelukken. Ik heb geen grip op mijn leven, laat staan op dat van Linda. En zij heeft geen grip op mij. Maar hoeveel problemen we ook hebben: we houden zielsveel van elkaar.

Linda is elke dag mijn rustpunt. We praten urenlang met elkaar. Als we uit eten gaan, maar ook over de telefoon. We bellen talloze keren per dag. Als ze naar haar werk op een advocatenkantoor in Eindhoven rijdt, en als ze daarvandaan weer naar huis rijdt. Op een bepaalde manier zijn we er voor elkaar – zij meer voor mij dan ik voor haar, maar toch. Linda is een van de weinige punten van houvast in mijn leven. Niemand kent me beter dan zij. En ze is een van de weinigen die me een spiegel voor kan houden. Ze kan me op mijn plek zetten, ze kan me raken. Als ze praat, dan luister ik echt. Ik gedraag me er alleen niet altijd naar.

In oktober 2013 komt Linda bij me wonen in Lommel. Het gaat goed en slecht tegelijk. Ik vind het fijn dat ik niet alleen ben, ik hou verschrikkelijk veel van haar, maar ik vind samenwonen ook gecompliceerd. Ik ben lang niet meer de egoïstische zak die ik jaren ervoor kon zijn, maar ik ben ook geen heilig boontje. Omdat het wielrennen een sleur voor me is geworden, ga ik op zoek naar andere prikkels. En andere prikkels, die dragen bij mij vaak een rok en hoge hakken. Ik weet dat het dom is, ik weet dat ik er spijt van krijg, maar toch doe ik het. Ik heb aan één vrouw niet genoeg. Ik ben mateloos en destructief tot op het bot.

In de winter ben ik maanden achtereen van huis. Ik reis van trainingskamp naar trainingskamp en ik begin het wielerseizoen 2014 al in januari, aan de andere kant van de wereld. Ik rij de Tour Down Under en daarna de Herald Sun Tour. In februari ben ik een paar weken thuis voordat ik vertrek naar Tirreno-Adriatico. Op de avond voordat ik naar Italië vlieg, krijgt Linda bij toeval een berichtje in mijn telefoon onder ogen. Dat laat weinig aan duidelijkheid te wensen over; ik ben weer vreemdgegaan. Ik praat op Linda in, ik zeg sorry vanuit het diepst van mijn tenen en ik vertrek naar de Tirreno in de hoop dat ik haar hart weer kan lijmen. Ik probeer me op de wedstrijd te concentreren. Maar een paar dagen later krijg ik, 's avonds laat, een berichtje van haar. Ze heeft haar koffers gepakt en is vertrokken. Ze komt nooit meer terug.

Ik lig tot vijf uur in de morgen wakker, starend naar het plafond. Gebroken stap ik een paar uur later op mijn fiets voor een rit van tweehonderd kilometer. Mijn benen duwen machinaal de kilometers weg, mijn hoofd is ergens anders. Ik ben verdrietig en terneergeslagen en ik ben teleurgesteld in mezelf. Ik heb het verknald. Als iemand me kende, dan was zij het. Als iemand me vaste grond onder de voeten bood, dan was zij het. En juist zij is nu bij me weg, voorgoed. Ik kan het haar niet kwalijk nemen ook.

Eigenlijk was er in onze relatie één probleem: dat ik er ook deel van uitmaakte.

30.

Mijn knie doet pijn. Mijn benen doen zeer. Mijn hart is gebroken. Het is augustus 2014, de Tour of Utah. Mijn ploeggenoot Tom Danielson staat aan de leiding. Ik heb al dagenlang op kop gereden. Morgen is de laatste etappe, maar ik ben er klaar mee. Dat laatste dagje redden ze ook wel zonder mij. Ik knijp in mijn remmen en draai om: we zijn net langs het hotel gereden. Het hele seizoen rij ik al geen deuk in een pakje boter. Ik ben geen schim meer van de renner die ik ooit was. Mijn lichaam is al bezig met afscheid nemen van het wielrennen, mijn hoofd weet het alleen nog niet.

Wielrenner ben ik alleen nog op papier, niet meer in mijn hart. Een paar maanden eerder heb ik in de Giro d'Italia opgegeven in een etappe die geteisterd werd door sneeuw en hagel. We hadden onderling afgesproken om niet te koersen, maar het gebeurde wel: we doken afdalingen in terwijl de sneeuw vastvroor aan onze brillenglazen. Het sloeg nergens op. Ik zag ineens de waanzin van mijn beroep in. Waar waren we mee bezig? Wat was ik aan het doen? Ik stapte af. Net als hier, in Utah. Ik fiets gelaten naar het hotel in Park City. Ik stap onder de douche en ga in bed liggen. Ik word uren later pas wakker.

Omdat ik de volgende dag toch niet hoef te koersen, ga ik 's avonds de stad in.

De kroeg waar ik in beland heet No Name Saloon. Dat komt mooi uit. Ik heb hier ook geen naam. Niemand kent me. Ik ben zomaar een deelnemer aan zomaar een sport. Ik bestel een drankje aan de bar. Nog voordat ik het op heb, en nog voordat ik opnieuw heb besteld, staat er een nieuw glas naast. Het komt van een kerel verderop. Hij knipoogt naar me. Ik loop naar hem toe om hem te bedanken voor zijn drankje. Hij is er met twee andere mannen. Maar er is ook een vrouw bij. Een mooie vrouw. Ze stelt zich voor als Nathalie. De rest van de avond heb ik alleen oog voor haar. Ze is intelligent, charmant, maar ook ongrijpbaar. Ik zou haar leeftijd niet kunnen schatten – en het maakt me niet uit ook. Om een uur of twee ga ik terug naar het hotel, maar niet voordat ik haar telefoonnummer heb gevraagd. De volgende dag stuur ik haar een berichtje of ze met me wil afspreken. Die avond heb ik een date met haar. We praten urenlang. Ze blijkt bijna twintig jaar ouder dan ik. Ze woont in Los Angeles, ze handelt in kunst en ze is filmproducent. Ze heeft drie dochters en is de ex-vrouw van de oprichter van het kledingmerk Guess. Als ze me aankijkt, dan smelt ik. We komen uit werelden die lichtjaren ver uit elkaar lijken te liggen, maar dat maakt niets uit. De avond eindigt in haar vakantiehuis, aan de voet van een skipiste, op drieduizend meter hoogte.

Een paar weken later zien we elkaar weer, dit keer in Amsterdam. We gaan naar het Rijksmuseum, naar het Anne Frank

Huis, we gaan uit eten, we slapen in het Pulitzer Hotel, we praten en we praten en we praten. Van wielrennen weet ze niets en ze had nog nooit van Thomas Dekker gehoord – maar dat is juist fijn. Ze kijkt op een andere manier naar de wereld dan dat ikzelf gewend ben. Ze heeft levenservaring, ze kijkt nergens van op. Ik kan het met haar over alles hebben. Ik besef dat ik verliefd word. In de weken erna bel ik zoveel met haar dat mijn telefoon met mijn oor vergroeit.

De liefde voor mijn fiets bekoelt intussen verder en verder. Ik peddel het seizoen uit op de automatische piloot. De ploeg wint veel, ik ben slechts een klein radartje in het geheel. In de Ronde van Lombardije geef ik al vroeg op. Ik zie Dan Martin winnen op het tv-scherm in de ploegbus als ik al lang en breed gedoucht ben. Diep in oktober fiets ik nog rond in China voor de Ronde van Peking. De laatste etappe start op het Plein van de Hemelse Vrede en voert via honderdduizend rondjes naar het Olympisch Stadion van Peking. Ik word 74^{e}. Dat het mijn laatste uitslag als profwielrenner is, weet ik dan nog niet.

Martijn en Eelco Berkhout proberen Jonathan Vaughters al maanden te verleiden om mijn aflopende contract te verlengen. Maar Vaughters hapt niet toe. Garmin fuseert met het Italiaanse Cannondale en Vaughters heeft te veel renners voor te weinig plekjes. Hij stelt een beslissing over mijn contract telkens uit. Het duurt maar en het duurt maar. Ik hoop tegen beter weten in dat het wel goed komt. Ik ga met vakantie naar Miami, naar Nathalie. Wanneer ik terugkom van vakantie, brengt Martijn me het slechte nieuws. 'Jonathan wil niet verlengen.' Het valt me tegen van Vaughters dat hij me niet zelf heeft gebeld, maar ik snap ook dat ik niet zomaar een nieuw contract heb gekregen. Opties bij andere ploegen zijn er niet. Ik heb de afgelopen twee jaar nauwelijks een uitslag gereden. Om een nieuwe ploeg te vinden is een wonder nodig. Die avond kan ik niet slapen. Ik staar in het zwarte gat van het donker. Ik ben verdrietig. Ik maak me zorgen. Wat moet ik nu? Ik wil niet dat het stopt, mijn wielerleven. Maar vooral: ik wil niet dat het zó stopt. Niet met een 74^e^ plek in de laatste etappe van de Ronde van Peking. Ik wil niet verdwijnen als een lege plastic zak die door de wind over de horizon wordt geblazen.

Een paar dagen later belt Martijn me op. 'Thomas, we hebben een plan. Er is nog iets waarmee je kunt bewijzen dat je nog hard kunt fietsen. Naar andere ploegen toe en naar jezelf toe.' Ik frons mijn wenkbrauwen: 'Wat dan?' Martijn antwoordt: 'Het werelduurrecord aanvallen.'

Ik vind het een belachelijk idee.

31.

Ik had de makkelijke weg kunnen nemen. Ik had Martijn en Eelco voor gek kunnen verslijten. Ik had dat werelduurrecord kunnen laten voor wat het is. Ik had van de ene op de andere dag kunnen stoppen. Ik had kunnen doen alsof het me allemaal niet interesseerde. Ik had maandenlang met een cocktail in de hand op een eiland in de zon kunnen liggen en mezelf kunnen verzuipen in zelfmedelijden.

Maar toch doe ik dat niet.

Ik neem de moeilijke weg, voor het eerst in jaren. Ik weet dat ik er maanden voor moet trainen, dat ik er pijn voor moet lijden en dat ik het risico loop om op mijn bek te gaan. Hoe langer ik rondloop met het idee van een aanval op het werelduurrecord, hoe meer het gaat leven. Ik verdiep me in de historie ervan. Ik zie dat Miguel Indurain het record ooit bezat. En ik besef dat er een kans ligt om mezelf in een rijtje grootheden te fietsen. De UCI heeft de regels veranderd: het is sinds kort toegestaan om met een tijdritfiets te rijden. Het record is in handen van de Oostenrijker Matthias Brändle: hij heeft 51,852 kilometer afgelegd in een uur. Brändle is een goeie renner, beter dan ik in de afgelopen jaren, maar hij is geen vedette. Ik weet dat Bradley Wiggins ook een aanval op het uurrecord in gedachten heeft: het zit er dik in dat hij de afstand van Brändle verpulvert. Als ik het record in handen wil krijgen, ook al is het maar voor eventjes, moet ik ervoor zorgen dat ik mijn aanval vóór die van Wiggins pleeg.

In november hebben we in Eindhoven een vergadering met een aantal specialisten dat Martijn en Eelco hebben opgetrommeld. Het team bestaat uit een trainer (Vasi), twee bewegingswetenschappers (Leon Burger en Jim van den Berg) en een man met specifieke kennis over baanwielrennen (oud-wereldkampioen puntenkoers Peter Schep). Peter spreekt zijn twijfel uit. Hij heeft me al jaren niet meer hard zien fietsen en vraagt zich af of ik het nog kan. De rest denkt dat ik het kan, in theorie. Maar dan moet wel alles kloppen. En vooral: dan moet ik het iets anders doen dan dat ik het de afgelopen seizoenen heb gedaan. De voorbereidingsperiode is drieënhalve maand. Ik moet ervoor trainen en ik moet ervoor leven. Als ik dat niet kan opbrengen, dan is het een zinloze exercitie. Ik beloof ze plechtig dat ik er alles aan zal doen. Of ze mijn belofte ook echt geloven weet ik niet. Ik hoop het. En ik hoop dat ik het zelf ook geloof.

Op een koude wintermiddag doe ik met Jim en Leon een laboratoriumtest in Sloten om te kijken hoe ik er conditioneel voorsta. Het is een klein drama. Het gaat voor geen meter. Mijn vetpercentage ligt boven de vijftien procent en ik trap 355 Watt op mijn omslagpunt. Als ik een kans wil maken op het record, moet ik zo'n 60 Watt méér trappen – een uur lang.

Jim krabt zich op het achterhoofd en zegt: 'Nou ja. Er is in elk geval ruimte voor verbetering, zullen we maar zeggen.'

Ik begin aarzelend aan de eerste trainingen. Ik ben onzeker en de dag van de aanval lijkt nog zo ver weg. Het trainingsschema voelt als een korset. Het knelt. Ik klaag er soms over tegen Jim en Leon. Het is te veel, te zwaar en soms vind ik de trainingen te vroeg op de dag. Maar ik voer alle opdrachten uit. Ik ga op trainingskamp naar Griekenland. Ik doe duurtrainingen op de weg, intensieve trainingen op de baan en drie keer in de week specifieke krachttraining in Bree – met Tom Boonen en Johan Vansummeren. Ik drink geen druppel alcohol. Er is bijna altijd iemand bij me wanneer ik train: Vasi, Jim, Leon of Peter. Ik kan er niet met de pet naar gooien, ik kan me niet verstoppen. Als ik niet hard genoeg train, krijg ik een schop onder mijn reet. Als ik het goed doe, een aai over mijn bol. De aanpak werpt zijn vruchten af. Ik word beter. En beter. En beter. Ik scoor steeds betere waardes bij testen, ik begin te wennen aan mijn Koga-fiets en de aerodynamische houding die ik moet aannemen: voor mijn gevoel rij ik met mijn tong op mijn voorwiel.

Na een maand of twee voel ik iets wat ik heel lang niet heb gevoeld. Iets dat verrekt veel lijkt op geloof in mezelf. Zelfvertrouwen, maar dan niet geacteerd. Ik krijg weer praatjes. Ik roep dat ik het record ga breken. Dat ik die Brändle makkelijk kan hebben. Jarenlang was het vuur in mij niet meer dan een waakvlammetje; nu begint het weer te branden. Ik voel me eindelijk weer wielrenner.

Het geeft me een dubbel gevoel. Aan de ene kant voelt het heerlijk dat ik weer kracht heb op de fiets, aan de andere kant is het confronterend. Volgens de cijfers heb ik in amper drie maanden tijd zeventien procent vooruitgang gemaakt. Dat is de progressiemarge van een wielertoerist, niet van een prof. Ik word met mijn neus op de feiten gedrukt. Nu ik er weer écht voor leef, herinner ik me hoe ik trainde voordat ik prof werd en wat ik ervoor deed in de eerste jaren bij Rabobank. Ik heb het de afgelopen jaren verprutst. Ik heb het laten versloffen. Ik heb mijn carrière in mijn handen laten verkruimelen.

Ik zit voor de tv als twee Australiërs het record van Brändle aanvallen. Jack Bobridge redt het niet: hij stort na drie kwartier in. Maar Rohan Dennis slaagt wél: hij tilt het werelduurrecord naar 52,491 kilometer. Dat is een tegenvaller voor me, want ik zal nog harder moeten rijden dan gepland. Dennis is op dat moment een van de beste tijdrijders van de wereld. Ik ben de afgelopen seizoenen in vrijwel elke tijdrit door hem weggeblazen. En wat me ook opvalt is dat Bobridge en Dennis zichzelf zichtbaar naar de kloten rijden. Het bevestigt mijn vrees: dat uur rondjes rijden is pijn lijden.

Die vrees wordt bevestigd als ik een test doe op de wielerbaan van Alkmaar. Ik voel me nostalgisch als ik binnenstap: het ruikt er naar vroeger. Mijn ouders en mijn vrienden zitten op de tribune. De test doe ik op negentig procent. Het gaat goed, maar als ik na afloop van mijn fiets stap, voelen mijn hamstrings aan als wrakhout. Mijn kont is veranderd in één bonk vastzittende spieren: het is alsof ik een uur lang op een drilboor heb gezeten. Ik strompel naar de douche. Met afdrogen kom ik niet onder mijn knieën. Mijn schoenveters krijg ik niet vast. Maar het grootste probleem is mijn Porsche. Leuke wagen hoor, maar de instap is zo laag. Met mijn wrakhouthamstrings en mijn drilboorkont kom ik er niet in. Uiteindelijk moet ik er op handen en voeten in kruipen – en zelfs dat gaat nauwelijks. Met tranen in mijn ogen van de pijn rij ik de snelweg op, richting Lommel. Ik ben net onderweg als het lampje van de tank begint te branden. Ik vloek. Ik sla af bij het eerste het beste tankstation, langs de A9. Ik hijs me uit mijn auto, ik tank 'm vol en ik strompel heen en terug naar de kassa. Maar dan moet ik me opnieuw in mijn Porsche proppen. Intussen zijn mijn hamstrings alleen nog maar stijver geworden. Ik heb het gevoel dat ze op knappen staan. Wat ik ook probeer: ik kom niet meer in mijn Porsche. Ik bel Dirk op; hij is net met een vriend van hem komen kijken in Alkmaar. Hij is al voorbij Amsterdam, maar hij draait om. Ik rij met hem mee naar Lommel, zijn vriend rijdt de Porsche.

De dag na de test vertrek ik, samen met mijn stijve hamstrings en Leon Burger, naar Mexico. Naar mijn geheime wapen: hoogte. Ik ga mijn recordpoging wagen op de wielerbaan van Aguascalientes. Die ligt op 2000 meter hoogte. Het voordeel is dat er op die hoogte minder luchtweerstand is, het nadeel dat er minder zuurstof in de lucht zit. Daarom moet ik er eerst acclimatiseren. We nemen daar twee weken de tijd voor. Ik train rustig, we finetunen het materiaal. Nathalie komt langs. Ze ziet hoe verbeten ik oog, maar ook hoe zenuwachtig ik ben. Mijn uurrecordpoging zal worden uitgezonden op tv en internet: iedereen kan zien hoe ik het ervan afbreng. Ik kan mezelf revancheren, maar ik kan ook afgaan als een gieter. Over de vraag of het mijn laatste wapenfeit als wielrenner is, wil ik niet nadenken.

De dag waarop het moet gebeuren is 25 februari 2015. Ik voel het al als ik wakker word: ik ben zo zenuwachtig als een puber voor zijn eerste rijexamen. Vijf minuten na mijn ontbijt hang ik boven de toiletpot: ik kots alles er weer uit. Onderweg naar de wielerbaan voel ik hoe hard mijn hart pompt. Het voelt klote en prachtig tegelijk. Ik heb ze gemist, de zenuwen.

Op de wielerbaan staan Vasi, Jim, Leon, Martijn en Eelco al op me te wachten. Het doet me wat dat ze allemaal voor mij naar Mexico zijn gekomen. De tribunes zijn gevuld met schoolkinderen. Ik doe mijn opwarming op de rollenbank. In de catacomben wurm ik me in mijn pak. Ik trek mijn sokken en mijn schoenen aan. Ik zet mijn helm op. Ik fluister tegen mezelf: 'Kom op, Thomas.' Op de baan staat mijn fiets al klaar. Ik klim erop en wacht tot het tijd is. Door de speakers schallen de eerste liedjes van de playlist die Nathalie voor me heeft samengesteld. Er gaat een pistool af. Ik trek me in gang. Mijn benen juichen, mijn longen vouwen zich open. De eerste twintig minuten voel ik mijn benen niet. Ik rij op het schema van Dennis, maar ik weet dat het lastigste nog moet komen. Naarmate het uur vordert beginnen de minuten steeds langer te duren. Mijn hartslag loopt op. Mijn ademhaling wordt zwaarder en zwaarder. Na veertig minuten komt de klap. Ik ben erop voorbereid, ik weet dat-ie komt, maar toch voelt het alsof ik een knuppel in mijn nek krijg. Fietsen wordt worstelen, pedaleren wordt harken. In een gewone tijdrit kun je af en toe nog de druk van je benen halen – al was het maar in een bocht – maar op de baan is het onmogelijk. De druk bouwt verder en verder op. Mijn tong begint steeds verder uit mijn mond te hangen. Ik slinger steeds meer in de bochten. Mijn hartslag zit tegen de tweehonderd. Alles doet pijn. Mijn rug, mijn benen, maar vooral mijn longen. Ik hap naar adem als een goudvis vanuit zijn kom. Ik vraag me af wanneer ik zo heb afgezien, maar ik kan het me niet herinneren. Dit is een marteling. Ik moet mijn rondetijden laag houden, maar het lukt niet. Ik begin te verliezen op Dennis. Eerst een beetje, daarna nog een beetje meer. De laatste minuten worstel ik tegen mezelf. Ik wil alles wat ik heb uit mijn lichaam persen. Als ik ten onder ga, dan wel met opgeheven hoofd. Ik proef bloed in mijn mond. Mijn longblaasjes lijken te knappen, mijn benen roepen om mijn moeder.

En dan is het over.

Ik kom tekort. Tweehonderdeenenzeventig meter om precies te zijn. Ik ben op. Ik ben verrot. Nadat ik van mijn fiets ben geholpen ga ik eerst zitten op het hout van de baan. Ik verberg mijn gezicht in mijn handen. Na een paar minuten sta ik op en loop ik naar de kleedkamer. Daar barst ik in huilen uit. Ik ben zo moe, ik ben zo verschrikkelijk moe. Van het uurrecord, van de stress, van de afgelopen jaren. Ik ben teleurgesteld dat ik het niet gehaald heb, maar tegelijkertijd voel ik trots. Ik heb iets gedaan waartoe ik de afgelopen jaren niet in staat was. Ik heb verloren van Rohan Dennis, maar ik heb gewonnen van mezelf. Ik kan de tijd niet terugdraaien, ik kan al die verloren trainingsjaren niet inhalen, ik kan nooit meer de Thomas worden die ik ooit was – maar verdomme, ik kan het nog.

32.

Ik hang op een stoeltje en kijk naar buiten, naar het vliegtuig dat ons straks van Mexico-City terugbrengt naar Amsterdam. Ik kan mijn ogen nauwelijks openhouden. We zijn gisteren met z'n allen uitgegaan in Aguascalientes; het is laat geworden. Dat mocht wel een keer ook: ik heb drieënhalve maand geleefd als een monnik. Maar ik heb zoveel gedronken dat de helft van de avond een zwarte vlek in mijn herinnering is.

Mijn telefoon gaat over. Ik kijk op het schermpje. Het is Michael Boogerd. Ik heb hem lang niet gesproken: hij heeft het me kwalijk genomen dat ik mijn mond heb opengetrokken over wat er vroeger gebeurde bij Rabobank. Maar sinds hij zijn eigen dopinggebruik heeft opgebiecht, is de kou enigszins uit de lucht. Ik neem op. 'Hé Michael.' 'Hé Thomas.' Het klinkt vertrouwd en ongemakkelijk tegelijk. Er hangt een spanning tussen ons, maar er is ook een soort van verbintenis, gebaseerd op een gezamenlijk verleden. Hij zegt dat ik het goed gedaan heb, die aanval op het werelduurrecord. Hij had niet verwacht dat het er nog in zat. Daarna praten we over koetjes en kalfjes voordat het gesprek op Roompot komt – een nieuwe Nederlandse wielerploeg waarvan Michael een van de oprichters is. Hij vertelt dat hij er zelf geld in heeft gestoken. En dat hij het er wel doorheen kan krijgen dat ik een plekje krijg in de ploeg. Ik zeg: 'Dat klinkt goed.' We spreken af om elkaar snel te zien in Nederland.

Een paar maanden vóór mijn werelduurrecordproject was angst de enige reden dat ik profwielrenner wilde blijven. Ik wist niet wat ik anders moest, ik was bang voor een leven zonder fiets. Maar na mijn aanval op het record is alles anders. Ik wíl ook weer wielrenner zijn. Of ik het volhoud om zo te trainen en te leven weet ik niet, maar de afgelopen maanden zijn een bevrijding geweest. Bij Roompot zou ik graag willen rijden, ook al komen ze niet uit op het hoogste niveau en rijden ze niet alle grote wedstrijden. De Ronde van Luxemburg en de Ster Elektrotoer zijn ook mooie koersen. Althans, dat hou ik mezelf voor.

Martijn en Eelco hebben al een paar maanden contact met het management van Roompot – dat naast Boogerd uit Erik Breukink (jep, hij weer), Jean-Paul van Poppel en Michael Zijlaard bestaat. Aanvankelijk hielden ze de boot af omdat ze me niet zouden kunnen betalen. Maar dat was een kulargument: ik zou er ook voor niks willen rijden. Geld is al lang geen overweging meer. Ik denk simpelweg dat ik nog niet klaar ben met wielrennen. Na mijn aanval op het werelduurrecord is vooral

Michael Zijlaard geprikkeld om me aan te trekken – al was het maar vanwege mijn publicitaire waarde. Hij heeft een aantal gesprekken met mijn management gevoerd. Ze komen steeds dichter bij elkaar. Ze spreken af dat ik een keer met Breukink en Boogerd moet gaan praten. Als er groen licht is van die twee, dan komt het wel goed.

Begin maart heb ik een gesprek met Breukink en Boogerd, in Kapellen. Ik voel me als een schooljongen die op kantoor moet komen bij de rector. Ik ben voorbereid op een kruisverhoor waarbij ze me allerlei vragen en verwijten voor de voeten gooien. Maar dat komt er niet. Het is meer een gesprekje zoals in de kroeg. Met jou alles goed? Ja hoor, met jou ook? Ze vragen me hoe ik het zou vinden om in een ploeg te rijden waarin niet alles tiptop geregeld is. Ik zeg dat het me niet uitmaakt. Ik probeer ze ervan te overtuigen dat ik het plezier in de sport heb hervonden, dat ik niet meer de renner ben die de afgelopen jaren met lange tanden achterin het peloton hing. Ze luisteren, ze knikken en ze zeggen dat ze me morgen terugbellen, nadat ze een vergadering met z'n allen hebben gehad. Als ik weer buiten sta, heb ik het gevoel dat het allemaal in kannen en kruiken is. Boogerd heeft na het werelduurrecord tegen me gezegd dat hij me graag in de ploeg wilde en ik heb Breukink nog nooit op een eigen mening betrapt – dus ik zou niet weten waar het op zou moeten afketsen.

De dag erop krijg ik om een uur of zeven 's avonds een telefoontje. Niet van Boogerd of Breukink, maar van Martijn.

'Ze doen het niet, Thomas.' Ik bel meteen Boogerd op. Ik ben over de zeik, en ik laat het merken ook. Michael vraagt aan me of hij straks terug kan bellen. 'Ik sta op het voetbalveld met mijn zoontje.' Het wordt acht uur. Negen uur. Half tien. Ik vreet mezelf op. Om tien uur ben ik het zat en bel ik hem op. Ik zeg cynisch: 'Is het voetballen klaar?' Hij antwoordt er niet op. In plaats daarvan zegt hij: 'Ze willen je niet in de ploeg, Thomas.' Ik vraag: 'Maar jij kon het toch voor elkaar krijgen?' Hij mompelt met een benepen stemmetje: 'Nee, nee. Er hangen nog dingen boven mijn hoofd. De UCI zit achter me aan.' Ik zeg: 'Ik denk dat wij elkaar nog wel tegenkomen,' en ik hang op.

Ik ben er klaar mee. Ik ben er zo verschrikkelijk klaar mee. Met het gedraai, met het gelul, met het gelieg, met de hypocrisie. Ik ben klaar met Boogerd, die nog nooit ergens voor is gestraft maar die ondertussen wel doet alsof hij het slachtoffer is van een heksenjacht. Ik ben klaar met afhankelijk zijn van anderen. Ik ben klaar met het verleden. Ik ben klaar met de onzekerheid. Ik ben klaar met de twijfels. Ik ben klaar met bedelen om een contract. Ik ben klaar met mezelf voorhouden dat ik wielrenner wil zijn. Ik ben klaar met doen alsof. Ik ben klaar met hopen tegen beter weten in. Ik ben klaar met de beslissing voor me uit schuiven. Ik ben klaar met trainen, ik ben klaar met koersen, ik ben klaar met mezelf kwellen, ik ben klaar met mezelf vergelijken met de renner die ik ooit was. Ik ben klaar met wielrennen.

De morgen na het telefoongesprek met Boogerd bel ik mijn vader. Ik zeg: 'Pap, ik stop ermee.' Hij is even stil. Daarna zegt hij: 'Oké, jongen.'

Ik hoor de opluchting in zijn stem.

33.

Er is niets dan leegte. De dagen strekken zich voor me uit als de Stille Oceaan vanaf het strand van een onbewoond eiland. Ik heb niets te doen. Ik hoef niet te trainen, ik hoef niet te denken aan de ene of de andere koers, ik hoef me geen zorgen te maken over een nieuw contract. Ik hoef niets. Ik moet niets. Ik doe niets. De eerste dagen nadat ik ben gestopt als wielrenner lig ik vooral veel in mijn bed. Ik denk na. Nu mijn leven stilstaat is er alle tijd voor. Ik neem mezelf veel dingen kwalijk. Ik heb het vooral aan mezelf te wijten dat ik op mijn dertigste klaar ben met wielrennen. Ik heb gefaald. Ik heb veel te weinig uit mezelf gehaald.

Na een week van eenzame opsluiting in mijn eigen huis zegt Nathalie tegen me dat ik naar Los Angeles moet komen. Een dag later zit ik in het vliegtuig. Een retourticket heb ik niet geboekt. Nathalie krijgt een jongen in huis die niet weet wat hij met zijn leven aan moet. Maar dat vindt ze niet erg. Ze is niet onder de indruk van mijn problemen. Ik blijf wekenlang bij haar. Ze is een zegen voor me. Ze is alles wat ik nodig heb. We praten veel, we doen dingen die ik nog nooit gedaan heb. We gaan naar kunstbeurzen, naar musea en naar feestjes met mensen die ik alleen ken uit Hollywoodfilms. Ik weet niet wat er was gebeurd als ik Nathalie niet had gehad. Dan was het misschien anders gelopen. Dan was ik misschien weer in een met alcohol gevuld zwart gat gevallen. Dan was ik zoveel ongelukkiger geweest, met alle gevolgen van dien.

In Amerika is wielrennen letterlijk en figuurlijk ver weg. De afstand doet me goed. Ik kan dingen steeds beter in perspectief plaatsen. Ik zie dat ik jarenlang in dezelfde rondjes heb gerend, als een hond achter zijn eigen staart. Met wielrennen, met vrouwen, met alcohol: ik doe elke keer hetzelfde. Ik wil altijd méér, en daarom eindig ik meestal met niets. Als je nooit tevreden bent, als je nooit geduld hebt, als je alles tegelijk wilt, als je probeert honderd verschillende levens in één leven te proppen, hoe kun je dan ooit gelukkig zijn met je eigen leven? Ik heb jarenlang achter elke verleiding aan gerend die ik zag, zonder na te denken over de gevolgen. Ik heb mezelf uitgewoond. Ik heb mijn carrière gesloopt. Ik heb de mensen om me heen zoveel verdriet gedaan.

Soms betrap ik mezelf erop dat ik naar mezelf kijk als naar een ander persoon, uit een andere tijd, met een ander leven. Het is alsof ik mijn verleden thuis heb achtergelaten.

Tot dat ene telefoontje. Uit Zwitserland. Wéér Zwitserland.

Het verleden belt me. Aan de andere kant van de lijn hangt een advocaat van de UCI, Simon Geinoz. Hij zegt dat hij bezig is met een tuchtzaak tegen Michael Boogerd. Het is ze een doorn in het oog dat een dopingzondaar een eigen ploeg is gestart met daarin talloze jonge renners. Ze verzamelen bewijs tegen hem. De UCI wil Boogerd zo lang mogelijk schorsen wegens dopinggebruik, handel in doping en het faciliteren van doping bij andere renners. Hij zegt dat hij me een formuliertje opstuurt dat verwijst naar mijn uitspraken bij de Nederlandse Dopingautoriteit. Als ik dat even teken, dan wordt Michael voor acht jaar geschorst. En o ja, of ik er een beetje haast mee wil maken. Ze willen het nieuws van zijn schorsing graag naar buiten brengen voordat de Tour de France in Utrecht start. 'Vanwege de publiciteit en zo. Een grote Nederlandse naam voor de Tourstart in Nederland – nou ja, je begrijpt het wel.'

Als hij ophangt blijf ik perplex achter.

Die avond, en de avonden erna, lig ik weer in mijn bed te malen. Wat moet ik doen? Moet ik tekenen? Of niet? Verdient hij die schorsing? Waarom hebben ze mijn handtekening überhaupt nodig? Ik heb toch alles al verteld? En vooral: waarom leggen ze de verantwoordelijkheid voor acht jaar schorsing bij mij? Waarom moet ík beslissen over de toekomst van Michael Boogerd?

Ik probeer het telefoontje te negeren. Maar dat is bijna onmogelijk: Geinoz mailt me en belt me. Hij zet me onder druk. Hij wil dat papiertje terug, ondertekend, zo snel mogelijk. Ik overleg met Nathalie en met Martijn en Eelco. Maar uiteindelijk zegt iedereen hetzelfde: dat ik zelf moet beslissen of ik het formulier onderteken. Ik overweeg om Michael zelf te bellen, maar ik doe het niet. Zeker niet als ik nog niet heb besloten wat ik doe.

Wat ik in elk geval níet doe is tekenen vóór de Tourstart in Utrecht. Ik vind het belachelijk dat de UCI Boogerd per se wil ophangen wanneer het Nederlandse wielrennen in de schijnwerpers staat. Ik doe niet mee aan een zieke publiciteitsstunt. Als ze bij de UCI hun imago willen oppoetsen, dan verzinnen ze maar een andere manier. Die tuchtzaak van Boogerd is sowieso een farce. Het is inmiddels meer dan twee jaar geleden dat hij bekend heeft. Sindsdien hebben ze er nauwelijks iets mee gedaan, dus dat maandje extra uitstel kan er ook nog wel bij. Maar Geinoz accepteert het uitstel niet. Hij stuurt me een mail waarin hij dreigt míj te laten vervolgen omdat ik niet meewerk. Hij laat me weten dat ik nóg een keer geschorst kan worden. Ik schiet in de lach wanneer ik dat lees. Ik ben niet eens wielrenner meer. Als ze me willen schorsen, dan doen ze het maar.

Maar intussen zit ik nog steeds met de situatie in mijn maag. In juli 2015 reis ik naar Frankrijk voor een commercieel project met een verzekeraar. Ik begeleid een groep oudere mannen die op tandems over het parcours van de Tour de France rijden. We rijden over de cols van de Tour, de kranten staan vol met wielrennen, op tv zie ik het peloton rijden – als ik mijn ogen dichtknijp zie ik mezelf ertussen. Ik had daar ook moeten rijden, in de groep met de favorieten. Het wielrennen is ineens weer dichtbij, en het doet me meer pijn dan ik dacht. Overdag fiets ik zelf of kijk ik naar fietsende mannen, 's avonds drink ik meer dan goed voor me is, 's nachts droom ik van papiertjes van de UCI. Op 15 juli ben ik te gast bij het tv-programma Tour du Jour, waarbij elke avond de Touretappe van die dag wordt besproken. Een van de andere tafelgasten is Michael Boogerd. Ik word live op tv door hem en presentator Wilfred Genee in de hoek van dader gedrukt. Minutenlang gaat het over de vraag wat ik gezegd heb bij de Dopingautoriteit. Michael hangt weer het slachtoffer uit. Ik moet ze eraan herinneren dat er maar één renner is geschorst voor een dopingovertreding: ik.

Na afloop van de uitzending blijft Michael in zijn slachtofferrol. Hij klaagt dat hij zoveel geld heeft moeten uitgeven aan advocaten en dat hij bang is dat de UCI hem schorst – wat moet hij zonder wielrennen? Hij komt ook even terug op de reden om me geen contract te geven bij Roompot. 'Als ik jou nou een contract had gegeven en ik word zo meteen geschorst – wat heb ik daar dan aan?' Ik kijk hem aan, fronsend. Daarna herhaalt hij het nog een keer. Ik merk dat er iets in me begint te borrelen. Hij heeft me geen contract gegeven omdat híj er niets aan heeft? Ik moet me inhouden om niet te schreeuwen. Ik bijt hem toe dat ik hem, als de situatie andersom was geweest, zelfs nog een contract had gegeven als hij een houten been had gehad.

Na de ontmoeting met Michael speel ik een paar dagen met het idee om het papiertje van de UCI te tekenen. Uit wraak. Als hij alleen aan zichzelf denkt, dan ik ook. Hij zal er kapot van zijn: hij rekent op een jaar of twee schorsing, niet meer. Maar er is veel te zeggen voor acht jaar. Hij heeft doping gebruikt, hij heeft mij geleerd om het te gebruiken, hij heeft Dynepo aan me verkocht, hij heeft me het telefoonnummer van Matschiner gegeven. Als Michael een Kazak was geweest met een minder sympathieke uitstraling, dan had iedereen het begrepen als hij voor de rest van zijn leven uit het wielrennen was verbannen. Ik weet dat hij het niet aankan, die acht jaar. Eén handtekening van mij en zijn wereld stort in.

Maar ik doe het niet. Natuurlijk niet. Ze kunnen bij de UCI fluiten naar mijn handtekening. Ik heb mijn verhaal aan de Dopingautoriteit verteld, ik ben naar het WADA geweest, ik heb mijn verhaal in de krant gedaan – als ze er iets mee willen doen, dan hebben ze bewijs genoeg. Mijn handtekening zal de UCI vast juridisch sterker maken in hun zaak tegen Boogerd – maar als ze het zo belangrijk hadden gevonden, dan hadden ze hem maar eerder moeten vervolgen. En bovendien wil ik niet degene zijn die Michaels kop eraf hakt. Ik pas ervoor om de verantwoordelijkheid voor die achtjarige schorsing in mijn schoenen geschoven te krijgen. En ik pas ervoor om Michael te laten opdraaien voor iets wat ik vooral zélf gedaan heb. Michael heeft me niet gedwongen om doping te gebruiken; ik ben er zelf naar op zoek gegaan. Er zijn talloze mensen betrokken geweest bij mijn dopinggebruik, maar over de vraag wie de hoofdverantwoordelijke is, bestaat geen enkele twijfel: ikzelf. Ja, ik ben soms gefrustreerd. Maar dat wil niet zeggen dat ik mijn frustraties op anderen moet afreageren.

Ik laat de UCI weten dat ik het papiertje niet teken. Ze schorsen Michael Boogerd voor twee jaar – alleen vanwege zijn eigen dopinggebruik, niet voor hulp aan anderen. Een paar weken na mijn beslissing om niet te tekenen krijg ik een mailtje vol excuses van Simon Geinoz. Hij schrijft dat hij te ver is gegaan met zijn dreigement om me te schorsen en dat zijn manier van communiceren niet op zijn plaats was. En hij bedankt me voor mijn 'toegewijde bijdrage in de strijd tegen doping'. Ik lees zijn mailtje met een mengeling van verbazing en plezier.

Excuses en een bedankje van de UCI, ik had niet gedacht dat ik dat ooit nog eens zou meemaken.

34.

Mijn leven had op duizend manieren anders kunnen lopen. Ik had in de goot kunnen liggen. Ik had nooit betrapt kunnen worden op doping en nu met twee keer Luik-Bastenaken-Luik, de Amstel Gold Race en een handvol Touretappes op mijn erelijst kunnen beginnen aan een nieuw seizoen als kopman van een of andere ploeg. Ik had ook zomaar dood kunnen zijn.

Ik ben niet trots op mijn wielercarrière. En ook niet op de keuzes die ik heb gemaakt in de afgelopen tien jaar. Als twintigjarig broekie had ik niet kunnen vermoeden dat het verhaal van mijn leven er zo uit zou zien als in dit boek wordt beschreven. Ik had gedacht dat ik grote koersen zou winnen, dat ik mijn naam met hoofdletters in het geschiedenisboek van het wielrennen zou krassen. Dat is niet gebeurd. Ik ben gezwicht voor alle verleidingen die me werden geboden. Of het nu dope, geld, seks of alcohol was: ik was grenzeloos. Ik was te jong, te onvolwassen, te ongeduldig, te zelfdestructief en te zelfvoldaan om in te zien dat ik op een ravijn af reed. Ik heb even gevlogen, maar ik ben nog veel dieper gevallen. En ik heb vervolgens jarenlang op mijn gat op de grond gelegen, niet in staat om mezelf weer overeind te trekken. Ik vocht een eindeloos gevecht tegen mezelf, en meestal verloor ik. Dat het verleden zo bepalend zou zijn voor de toekomst had ik nooit gedacht.

Ik heb spijt van heel veel dingen. Wat ik mezelf heb aangedaan, maar vooral wat ik anderen heb aangedaan. Ik was soms een vreselijke vriend, een lul van een ploeggenoot en een verschrikkelijke zoon. Mijn moeder krijgt nog altijd een knoop in haar maag als ze mijn nummer op het schermpje van haar telefoon ziet, bang als ze is dat er weer iets met me aan de hand is. Ik heb mijn ouders, mijn vrienden en mijn ex-vriendin in sommige periodes van mijn leven ver van me weg geduwd. Maar de laatste jaren gaat het een stuk beter. Ik hang niet langer de zogenaamd onbereikbare macho uit die nooit verantwoordelijkheid neemt voor wat hij heeft gedaan.

Pas de laatste tijd lukt het me om te zien wat ik heb gedaan en wat ik heb aangericht. Ik heb er een puinhoop van gemaakt. Dit boek dient om een deel van de puinhoop op te ruimen. Het is een biecht om mezelf te bevrijden van de smerige waarheid die al jaren in me ligt te rotten. Ik hoef niet aardig te worden gevonden, ik hoef geen medelijden, ik wil slechts vertellen hoe het misging. Al was het maar om de kleine Thomas Dekkers van de toekomst te waarschuwen. Ik hoop dat jonge sporters niet dezelfde fouten maken als ik ooit maakte. Ik hoop dat zij, en de mensen door wie ze worden begeleid, op tijd zien welke valkuilen er op het pad liggen. En ik hoop dat het wielrennen verandert. De sport staat niet meer zo bol van de dope als in mijn beginjaren, maar het is ook verre van schoon.

Het wemelt nog altijd van de dubieuze managers, de foute ploegleiders, de valse dokters en de renners met boter op hun hoofd. Als niemand erover praat, dan blijft het altijd zo.

Ik mis het wielrennen soms. Het kan me pijn doen om renners van mijn leeftijd te zien winnen in een grote ronde. Ik mis het afzien, de kameraadschap in het peloton, de adrenaline van een sprint. Ik mis het af en toe om een duidelijk doel te hebben in mijn leven. Maar nog veel vaker is het een opluchting dat ik geen wielrenner meer ben. Achteraf ben ik blij dat ik geen contract bij Roompot heb gekregen: ik zou alleen maar hebben geworsteld met mezelf. En waarschijnlijk ook met Michael Boogerd en Erik Breukink.

Ik ben over het algemeen gelukkiger sinds ik ben gestopt met wielrennen. Ik zie dat de wereld groter is dan een peloton coureurs. Ik neem afstand van mijn donkere verleden. Ik heb mijn appartement in Lucca verkocht, mijn huis in Lommel staat te koop. Ik reis veel met Nathalie, ik spreek mensen die niets van wielrennen weten – maar des te meer van veel belangrijkere dingen. Bij tijd en wijle is mijn leven nog altijd extreem. Ik speelde een klein rolletje in een film over Lance Armstrong, al werd de scène waarin ik acteerde dat ik doodging uiteindelijk uit de film geknipt. Ik heb meegedaan aan Expeditie Robinson. Wekenlang zat ik op een eiland. Eten was er nauwelijks en het regende aan één stuk door. De dag nadat ik vertrok lag ik in een Grieks zwembad met een veel te dure fles champagne. Maar het verschil met vroeger is dat ik nu zie dat het extreem is: ik ben vanuit Griekenland zelfs weer naar huis gegaan omdat het me te veel werd. Dat wil niet zeggen dat ik tegenwoordig een heilig boontje ben, of dat ik nooit meer domme dingen doe. Mijn karakter is niet veranderd: ik heb nog altijd de neiging om méér te willen en om mezelf te vernietigen met alle verleidingen die aan mijn oog voorbijtrekken. Maar er zit tegenwoordig wel een rem op mijn gedrag. Voor het eerst, misschien wel. Ik vecht nog steeds tegen mezelf, maar ik heb steeds vaker het gevoel dat ik win.

Wat ik wil met mijn leven weet ik niet. Ik ben zoekende. Het is leuk en prachtig om kunstbeurzen en jetsetfeestjes af te lopen, maar het is niet iets waar ik veel voldoening of eigenwaarde uit haal. Maar ik vind wel iets. Het hoeft niet snel. Niet meer. Ik wil eerst de puinhoop uit mijn hoofd bezemen.

In het voorjaar van 2016 word ik gevraagd om mee te doen aan een theatershow. Het heet *Sportmonologen*: zes verschillende sporters vertellen een voor een hun verhaal. Het idee is dat ik twintig minuten lang in mijn eentje op de planken sta. En dat ik zonder onderbreking spreek over de manier waarop ik mijn eigen wielercarrière de nek om draaide. Ik stem toe. In de weken voordat ik op het podium sta, maak ik me er steeds meer zorgen over. Ik vraag me af of ik het wel kan, of ik het wel durf, of ik mijn tekst kan onthouden en vooral: of ik zo kwetsbaar durf te zijn als er een paar duizend mensen in de zaal naar me staren. Tien jaar geleden liet ik bloed aftappen door Eufemiano Fuentes in het geheim van een donkere hotelkamer, maar in het theater word ik geacht er open en bloot over te vertellen terwijl iedereen naar me kijkt.

Het is begin september als ik in de coulissen van de Kleine Komedie in Amsterdam sta. Ik drentel in mijn wielerpakje in de schaduw achter het gordijn heen en weer. Ik hoor de sporters voor me hun verhaal doen, ik hoor het publiek klappen. Ik voel de warmte van de toneellampen. Ik ben zo nerveus dat ik moet kotsen. In mijn hoofd repeteer ik mijn eerste zinnen. Ik denk aan het emmertje geheimen dat ik nu binnen een paar minuten over het publiek ga leegkieperen. Dan hoor ik dat iemand mijn naam omroept. Ik moet op, als laatste. Ik haal diep adem en loop het podium op.

Het is er duizend kleuren licht.

Epiloog

Voordat ik Thomas Dekker voor het eerst interviewde, in augustus 2008, kende ik hem alleen van de verhalen. Hij was arrogant, hij was verwaand en hij had veel te veel geld voor zo'n jong ventje. Bij onze eerste ontmoeting deed Thomas zijn uiterste best om dat vooroordeel te bevestigen. Hij kwam me van het vliegveld van Pisa ophalen in zijn Porsche. Terwijl ik mijn rugzak in de veel te kleine kofferbak propte wees hij op zijn grijze trainingsbroek. 'Honderd procent kasjmier', zei hij. Daarna probeerde hij zo achteloos mogelijk te vertellen hoeveel zijn kasjmieren trainingsbroek kostte: 'Een eurootje of zeshonderd.' Ik denk dat het zijn bedoeling was om me te imponeren, maar ik vond ik vooral heel grappig. Zeshonderd euro uitgeven voor een grijze trainingsbroek, daar heb ik de hele weg van Pisa naar Lucca heel hard om gelachen. In de daaropvolgende dagen zag ik weinig terug van de arrogante en verwaande Thomas Dekker. Wat ik wel zag: een onzeker jochie, ver van huis, dat zich verstopte achter een masker van onbezorgdheid en machogedrag.

Een jaar later was ik opnieuw in Lucca. Hij droeg nog steeds een masker, ook al was hij vlak daarvoor betrapt op doping door de UCI. Hij deed alsof hij alles onder controle had, alsof hij twee jaar schorsing zou pakken en daarna sterker terug zou komen. Hij zei me dat hij één keer doping gebruikt had. Ik antwoordde dat ik hem niet geloofde. Hij haalde lachend zijn schouders op. 'Dan niet.'

Zijn dopingbekentenis kwam in stukken en brokken. Hij draaide van het oude naar het nieuwe wielrennen als een mammoettanker: zo langzaam dat je het soms niet eens zag. Het was een proces dat jaren duurde. Pas in november 2012 viel zijn masker volledig af. Het USADA-rapport was net uitgekomen, Rabobank had zich teruggetrokken als sponsor van de gelijknamige wielerploeg, het wielrennen stond – alweer – in de fik en Thomas was er klaar mee. Hij wilde af van het verleden. Hij wilde zichzelf in de spiegel kijken en hij hoopte dat het wielrennen hetzelfde zou doen. Op een kantoor in Amsterdam vertelde hij me het verhaal over zijn dopinggebruik. Het kostte hem vier uur. Zijn getuigenis legde de basis voor de artikelen over het dopinggebruik bij Rabobank, de klantenkring van Fuentes en het misbruik van cortisonenattesten die werden gepubliceerde in NRC Handelsblad. We spraken er ook voor het eerst over het schrijven van een boek. Voor ons allebei was er maar één voorwaarde: als we het doen, dan moet alles er in. Geen verborgen agenda's, geen mooipraterij, geen excuses – alleen de rauwe werkelijkheid.

We zaten de afgelopen jaren talloze keren tegenover elkaar. Uur na uur, dag na dag. Hij vertelde, ik stelde vragen. Hij beschreef de meeste situaties en anekdotes zeer gedetailleerd – ook als hij zich ervoor schaamde. Hij spaarde zichzelf nergens: hij maakte in onze gesprekken gehakt van zichzelf, zijn eigen gedrag en zijn eigen keuzes.

Dit boek is het verhaal van Thomas Dekker. Dit zijn de gebeurtenissen van zíjn leven door zíjn ogen. Maar dat wil niet zeggen dat de getuigenissen van Thomas de enige bron zijn. Het boek is óók tot stand gekomen door talloze uren research. Ik heb de afgelopen jaren gesproken met zoveel mogelijk betrokkenen en verder heb ik het verhaal van Thomas gecontroleerd aan de hand van rechtbankpapieren en de politiedossiers van Operatie Puerto.

Niet iedereen die wordt genoemd in dit boek wilde meewerken. Sommigen reageerden niet op contactpogingen, anderen onthielden zich van commentaar, enkele artsen beriepen zich op hun medisch beroepsgeheim. Anderen herkenden zich niet in de door Thomas geschetste situaties. Thomas' voormalige manager Jacques Hanegraaf ontkende dat hij Thomas in contact heeft gebracht met Eufemiano Fuentes, maar wilde verder niet ingaan op vragen of details. Michael Boogerd herkent zich niet in alle situaties die door Thomas geschetst zijn. De Belgische arts Jan Mathieu zei dat hij geen fictieve blessures verzon om medische attesten te vervalsen. Daan Luijkx ontkent ten stelligste op de hoogte te zijn geweest van enige relatie tussen Thomas Dekker en Fuentes. Ook zegt hij, ondersteund door zijn compagnon Hoendervangers, dat de zin "Ok, anders lossen we het samen op" niet door hem is gezegd.

Dit boek kan onmogelijk het boek zijn dat Thomas had willen schrijven toen ik hem voor het eerst sprak, in 2008. Hij had een verhaal willen vertellen dat bol stond van de overwinningen en droop van de euforie. In plaats daarvan is dit het verhaal van het gevecht tegen zichzelf. Hij is jarenlang zijn grootste tegenstander geweest - en soms is hij dat nog steeds. Maar het grootste verschil met vroeger is dat hij niet langer doet alsof hij iemand anders is. Hij hangt niet meer de onkwetsbare macho uit.

Toen hij laatst een grijze joggingbroek droeg vroeg ik hem of die van kasjmier was. Hij schudde zijn hoofd. 'Nee. Hij is gewoon van de H&M. Vijftien euro vijfennegentig.'

Hij lachte er zelf het hardst om.